W0237563

English G

Grammatikheft 3/4

für die
7. und 8. Jahrgangsstufe
an Gymnasien
in Bayern

Cornelsen

English G
Ausgabe für Bayern – Grammatikheft zu den Bänden 3 und 4

Im Auftrag des Verlages herausgegeben von: Prof. Hellmut Schwarz, Mannheim

Erarbeitet von ____ Uwe Tröger, Hannover
Beratende Mitwirkung ____ Erich Fleischhack, Ebern/Unterfranken; Prof. Hellmut Schwarz, Mannheim; Hartmut Tschepe, Berlin

Grafik/Illustration ____ David Barnett, Oadby, Leicester; Katharina Wieker, Berlin
Umschlaggestaltung ____ Katrin Nehm
Technische Umsetzung ____ Uwe Tröger, Hannover; Heike Freund, Berlin

www.cornelsen.de

1. Auflage, 1. Druck 2006

© 2006 Cornelsen Verlag, Berlin

Das Werk und seine Teile sind urheberrechtlich geschützt.
Jede Nutzung in anderen als den gesetzlich zugelassenen Fällen bedarf der vorherigen schriftlichen Einwilligung des Verlages.
Hinweis zu § 52 a UrhG: Weder das Werk noch seine Teile dürfen ohne eine solche Einwilligung eingescannt und in ein Netzwerk eingestellt werden.
Dies gilt auch für Intranets von Schulen und sonstigen Bildungseinrichtungen.

Druck: CS-Druck CornelsenStürtz, Berlin

ISBN-13: 978-3-06-031104-0
ISBN-10: 3-06-031104-8

Inhalt gedruckt auf säurefreiem Papier,
umweltschonend hergestellt aus chlorfrei gebleichten Faserstoffen.

Was enthält das Grammatikheft?

Es erklärt ausführlich den gesamten Grammatikstoff der Bände 3 und 4 des Lehrbuchs *English G* für die Jahrgangsstufen 7 und 8. Außerdem enthält es die wichtigsten grammatischen Erscheinungen aus den Jahrgangsstufen 5 und 6.

Wie findest du, was du suchst?

Drei Verzeichnisse führen dich durch das Grammatikheft:

- Im **Inhaltsverzeichnis** (Seiten 3 und 4) kannst du nachschlagen, wenn du ein bestimmtes grammatisches Kapitel suchst.
  Beispiel: Du möchtest etwas über das Adverb wissen. Im Inhaltsverzeichnis findest du
  Das Adverb The adverb ..... 49 **108–111**.
  Das Adverb wird also auf Seite 49 in den Abschnitten 108 bis 111 behandelt.

- Der **Wegweiser** auf der vorderen Umschlaginnenseite bezieht sich auf die Units des Lehrbuchs *English G*, Bände 3 und 4.
  Im Wegweiser solltest du nachschlagen, wenn du wissen möchtest, in welchen Abschnitten des Grammatikheftes du den Grammatikstoff einer bestimmten Unit findest.
  Beispiel: **Band 3 Unit 6** ***each other*** **103**
  bedeutet, dass du die Erläuterungen zu *each other* in Abschnitt 103 findest.

- Im **alphabetischen Register** am Ende des Grammatikheftes kannst du grammatische Strukturen und wichtige Wörter einzeln nachschlagen und feststellen, in welchen Abschnitten sie behandelt werden.

Was bedeuten die Zeichen und Abkürzungen?

Die Zahlen nach einem Abschnitt sagen dir, wo dieses Thema in den Bänden 3 und 4 von *English G* behandelt wird:

3: 1 / 4: 2 — bedeutet **Band 3, Unit 1** und **Band 4, Unit 2**.

▶ *any:* 99 — Der Pfeil ▶ verweist auf andere Abschnitte des Grammatikheftes, in denen du weitere Informationen zu dem gerade behandelten Thema findest. Das Beispiel links verweist auf Abschnitt 99, Thema *any*.

⚠ — Hier stehen Hinweise, die du besonders beachten solltest, um Fehler zu vermeiden.

K — Das „K" steht für „Kontrast". Du findest es immer dort, wo auf Unterschiede zwischen dem Englischen und dem Deutschen hingewiesen wird.

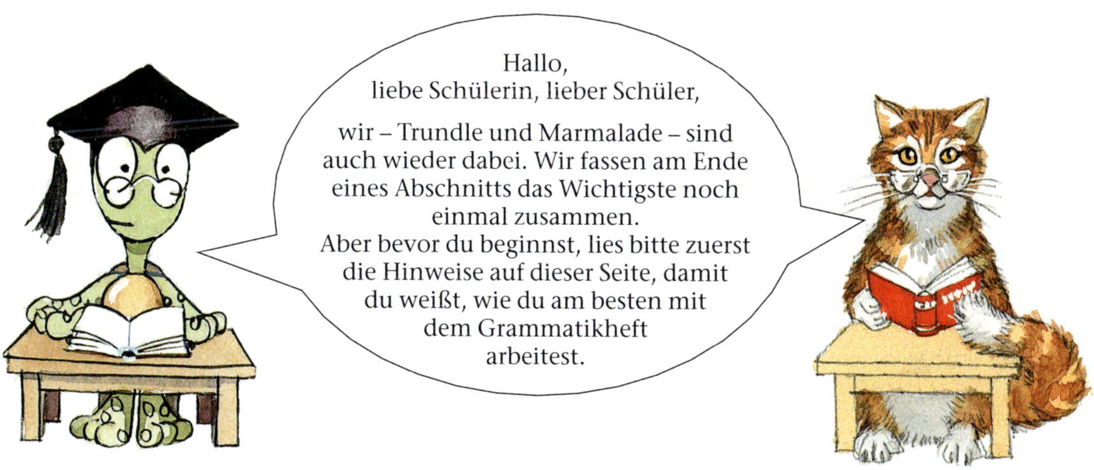

Wortstellung (Word order)

1 Bejahte Aussagesätze (Positive statements)

Subject	Verb*	Object
Emma	can speak	Welsh.
David	needs	a new bike.

▶ Stellung des direkten und indirekten Objekts: 7–9

Die Wortstellung in bejahten Aussagesätzen ist ***subject*** (Subjekt) - ***verb*** (Prädikatskern)* - ***object*** (Objekt), kurz: **S - V - O.**

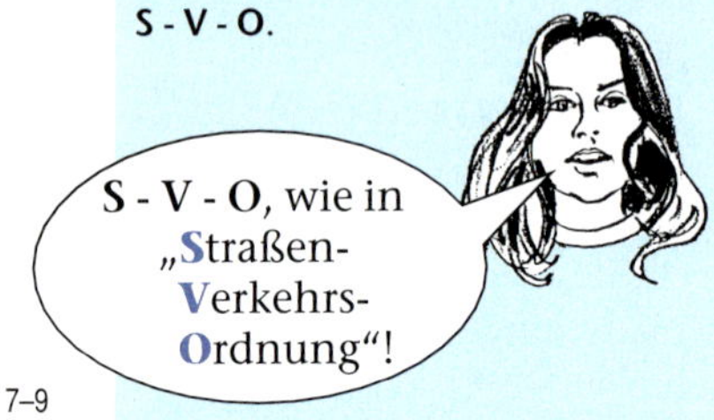

Subject	Verb
Mr Evans	is working.

Subject	Verb	Complement**
Emma	has been	angry.

Subject	Verb	Adverbial
David	is	from Wales.

Subject	Verb	Object	Adverbial
They	sold	their house	in April.

Natürlich gibt es im Englischen – wie im Deutschen auch – Sätze, die nicht (oder nicht nur) aus *subject, verb* und *object* bestehen. Aber **wenn** ein Objekt vorhanden ist, dann sind Verb und Objekt „unzertrennlich“ und es gilt: **S - V - O.**

K Julie and her father **are going to buy a flat**.
Julie und ihr Vater **werden eine Wohnung kaufen**.

- Auch bei zusammengesetzten Zeiten ist die Wortstellung **S - V - O**.

When Mr Evans comes home, **David makes** tea.
Wenn Mr Evans nach Hause kommt, **kocht David** Tee.
In June **the Parkers moved** to London.
Im Juni **zogen die Parkers** nach London.

- Die Wortstellung bleibt **S - V - ...**, auch wenn der Satz mit einer adverbialen Bestimmung *(When Mr Evans comes home; In June)* beginnt.

Emma often **makes breakfast**.
Emma **macht** oft **das Frühstück**.

- Adverbiale Bestimmungen *(often)* können **nicht** zwischen *verb* und *object* treten.

▶ Stellung der Adverbien: 10–13

2 Verneinte Aussagesätze (Negative statements)

Subject	Verb: Auxiliary + not	Verb: Main verb	Object/Complement/Adverbial
Mr Evans	**isn't**	**sleeping.**	
Emma	**can't**	**speak**	German.
Emma	**hasn't**	**been**	happy.
The Parkers	**don't**	**live**	in Wales.

Auch in verneinten Aussagesätzen ist die Wortstellung **S - V - O.**

* Mit dem Wort ***verb*** bezeichnet man im Englischen nicht nur die **Wortart Verb**, sondern – wie hier – auch den **Prädikatskern** (das **Satzglied**).

** Ein Adjektiv oder Nomen, das nach einer Form von *(to) be* steht, bezieht sich auf das Subjekt und wird daher als **(prädikative) Ergänzung zum Subjekt *(subject complement)*** bezeichnet.

Fragesätze (Questions)

3 Entscheidungsfragen (Yes/No questions)

Auxiliary	Subject	Main verb	Object/Complement/Adverbial
Is	**Mr Evans**	working?	
Can	**Emma**	speak	Welsh?
Has	**Emma**	been	sad?
Do	**they**	live	in Wales?

3:6

Entscheidungsfragen beginnen mit einem **Hilfsverb *(auxiliary)***, dann folgt das **Subjekt**. Die Wortstellung ist also *auxiliary - subject - main verb - … .*

Fragen mit Fragewörtern (Questions with question words)

4 Question word	Auxiliary	Subject	Main verb	Object/Complement/Adverbial
Why	is	**Mr Evans**	working?	
Where	do	**the Parkers**	live?	
When	did	**they**	sell	their house?
Why	has	**Emma**	been	sad?
Who	did	**Julie**	meet	in London?

Fragen mit Fragewörtern haben dieselbe Wortstellung wie Entscheidungsfragen: *question word - auxiliary - subject - main verb - … .*

⚠ **Ausnahme:** Fragen nach dem Subjekt – ▶ 5

K **What** is Mr Evans **working on**? **Woran/An was** …?
Who did Julie **talk to**? **Mit wem** …?
What are you **waiting for**? **Worauf/Auf was** …?

⚠ Beachte die Wortstellung, wenn du nach dem Objekt einer Präposition fragst!

5 Fragen nach dem Subjekt (Subject questions)

	Subject	Verb	Object/Adverbial
Aussagesatz:	Emma	loves	music.
Fragesatz:	Who	loves	music?
Aussagesatz:	Julie's father	needs	a new job.
Fragesatz:	Whose father	needs	a new job?
	What	happened	yesterday?
	Which bus	goes	to Chester?
	How many kids	came	to your party?

Fragen nach dem Subjekt („Wer oder was?"-Fragen) werden **ohne *do/does/did*** gebildet. Das Fragewort *(who, what, whose …, which …)* ist Subjekt des Satzes, die Wortstellung ist wie in Aussagesätzen: **S** (= Fragewort) **- V - O**.

⚠ **Subject** questions	**Object** questions
Who saw Julie?	**Who** did Emma **see**?
(**Emma** saw Julie.)	(Emma saw **Julie**.)
Wer sah Julie?	**Wen** sah Emma?
– Emma.	– Julie.
What caused the panic?	**What** did the lion **cause**?
Was verursachte die Panik?	**Was** verursachte der Löwe?
– Ein Löwe.	– Eine Panik.

Mit *who, whose, what* usw. kannst du nach dem Subjekt („Wer oder was?") oder nach dem Objekt („Wen/Wem oder was?") fragen. Nur in Fragen nach dem Objekt steht *do/does/did*.

3:6

▶ Indirekte Fragen: 133

Fragen nach dem Subjekt ohne *do/does/did*!

6 Nebensätze (Subordinate clauses)

Hauptsatz (Main clause)	Nebensatz (Subordinate clause)	Subject	Verb	Object/Complement/Adverbial
Dad will tell you	if	you	ask	him.
Colin says	that	David	is	a sports freak.
Julie was sad	when	they	moved	to London.

K Dad will tell you **if you ask him**. ..., wenn du **ihn fragst**.

Die Wortstellung des Aussagesatzes gilt – anders als im Deutschen – auch für Nebensätze: **S - V - O**.

Die Stellung des indirekten und des direkten Objekts (The position of the indirect and direct object)

7

	Indirect object	Direct object	
I must **buy**	**my sister**	**a souvenir**.	
Ich muss	**meiner Schwester**	**ein Souvenir**	kaufen.
Our teacher **told**	**us**	**a great story**.	
Let's **send**	**mum and dad**	**a postcard**.	

4: 2

Wie im Deutschen gibt es im Englischen Verben, nach denen zwei Objekte stehen können: ein **indirektes Objekt** (meist eine **Person** – daher auch **Personenobjekt**) und ein **direktes Objekt** (meist eine **Sache** – daher auch **Sachobjekt**).
Die normale Wortstellung ist **Personenobjekt vor Sachobjekt**: *buy/give/tell/...* ***somebody something***.

8

	Direct object	to/for + indirect object
Here's a nice card. Let's **send**	**it**	to **mum and dad**.
I love jokes. I often **tell**	**them**	to **my friends**.
Isn't this a great pen? I **bought**	**it**	for **my dad**.

Let's write a letter to **our aunt und uncle in the USA**.
Sue sent a postcard to **her grandma** (not to her mum).
I bought that souvenir for **you** (not for your sister).

⚠ **Who** did you **send the letter** to? Wem ...?
Who did you **buy the pen** for? Für wen ...?

Wenn das **Sachobjekt ein Pronomen** ist *(it, them)*, steht es **direkt hinter dem Verb**. Das Personenobjekt wird dann mit *to* oder (bei den Verben *buy, cook, fetch, get, make, order*) mit *for* angehängt.
Die Wortstellung **Sachobjekt** - ***to/for*** - **Personenobjekt** gilt auch dann, wenn

- das **Personenobjekt sehr lang** ist
- das **Personenobjekt besonders hervorgehoben** oder **betont** werden soll.

In Fragen nach dem Personenobjekt steht immer *to* oder *for*!

	Indirect object	Direct object	to/for + indirect object
Give	**your teacher**	**this letter**.	
Give	**her**	**this letter**.	
Give		**it**	to **your teacher**.
Give		**it**	to **her**.

4: 2

◄ IM ÜBERBLICK

9

	Direct object	to + **indirect object**
Can you **describe**	**your dream**	to **me**?
Kannst du mir deinen Traum beschreiben?		
Chris **didn't say**	**anything**	to **the others**.
Chris sagte den anderen nichts.		
We **reported**	**the accident**	to **the police**.
Wir meldeten den Unfall der Polizei.		

Glen, please **explain** to **us how the spacesuit works.**
Glen, erkläre uns bitte, wie der Raumanzug funktioniert.

4:2

Es gibt im Englischen eine Reihe von Verben, bei denen das **Personenobjekt immer mit *to* angehängt** wird. Zu diesen Verben gehören *describe, explain, introduce, mention, present, report, say, suggest.*

Dies gilt auch in den seltenen Fällen, in denen das Personenobjekt direkt auf das Verb folgt.

Die Stellung von Adverbien und Adverbialbestimmungen (The position of adverbs and adverbial phrases)

front-position ▽ - - - - - - - - - subject (+ auxiliary) - - - - - - - - mid-position ▽ - - - - - - - - main verb (+ object) - - - - - - - - end-position ▽

Adverbien bzw. Adverbialbestimmungen können an verschiedenen Stellen im Satz stehen:

10 **front-position:** Perhaps **the weather** will change.
Vielleicht ändert sich **das Wetter**.
Suddenly **the lights** went out.
Plötzlich ging **das Licht** aus.

3:6

- *Front-position* haben gewöhnlich Adverbien, die sich auf den ganzen Satz beziehen **(Satzadverbien)**, z.B. *perhaps, maybe, suddenly, of course, in fact, finally, at first, then* – sie stehen **vor dem Subjekt**.

11 **mid-position:**

(1) My sister **is** never late.
It was only eleven o'clock, but I **was** already hungry.

(2) I sometimes **make** breakfast.
My brother often **came** home late last month.

(3) You **can** always come and ask me.
This story **will** soon be forgotten.

- *Mid-position* haben gewöhnlich **Adverbien der unbestimmten Zeit oder Häufigkeit** wie *already, always, ever, just, never, often, sometimes, soon, usually.* Sie stehen
  1) **nach** *am/are/is* und *was/were*
  2) direkt **vor dem Vollverb** (im *simple present* und *simple past*)
  3) **nach dem (ersten) Hilfsverb.**

⚠ I don't want to go to that film – I've seen it before.
Have you been here before? (schon mal)
Have you done your homework yet? (schon)
The film hasn't started yet. (noch nicht)

Sometimes we have a really big breakfast on Sunday morning. Often we're so full that we don't eat lunch!

⚠ Beachte:
– *before* und *yet* stehen **am Satzende**.
– *sometimes* und *often* können auch am Anfang des Satzes stehen.

K He always **makes the same mistakes**.
Er **macht** immer **dieselben Fehler**.
My parents never **go to the theatre**.
Meine Eltern **gehen** nie **ins Theater**.

3:6

⚠ Adverbien der unbestimmten Zeit oder Häufigkeit dürfen **nicht** zwischen *verb* und *object* oder *verb* und *adverbial* stehen!

12 end-position:

(1) The woman **laughed** loudly.
The waiter **carried the plates** carefully.

(2) Can we **play** outside / in the park?

(3) We're going to **buy a new car** tomorrow / next week.

- *End-position* haben gewöhnlich
  1) **Adverbien der Art und Weise** *(loudly, carefully, angrily)*
  2) **Adverbien und Adverbialbestimmungen des Ortes**
  3) **Adverbien und Adverbialbestimmungen der Zeit.**

  Sie stehen **nach dem Vollverb bzw. nach dem Objekt.**

	MANNER	PLACE	TIME
We went		to a pop concert	last night.
Kiefer played	well	at Wimbledon	last year.

Wenn verschiedene Adverbien bzw. Adverbialbestimmungen am Satzende zusammenkommen, gilt gewöhnlich die Reihenfolge ***manner – place – time.***

K On Saturdays **my father washes** the car.
Samstags **wäscht mein Vater** das Auto.

Manchmal will man die Zeitangabe an den Anfang des Satzes stellen. Die Wortstellung bleibt dann trotzdem – anders als im Deutschen – **S-V-O.**

K She **closed the door** quietly.
Sie **schloss** leise **die Tür**.
I'm going to **buy a new car** next month.
Ich **kaufe** nächsten Monat **ein neues Auto**.

⚠ Adverbien der Art und Weise sowie Orts- und Zeitangaben dürfen im Englischen **nicht** zwischen *verb* und *object* stehen!

3: 6

Adverbien dürfen nicht zwischen *verb* und *object* stehen.

13 Gradadverbien (Adverbs of degree)

Our new French teacher is really/very **nice**.
There are some highly **dangerous** animals in this zoo.
His parents are fairly/quite/too **strict**.
He looked so different, I could hardly **believe** my eyes.
Do you really **believe** that?
My grandad drives really/very **carefully**. 3: 6 / 4: 5

Gradadverbien wie *very, too* („zu"), *highly* („höchst"), *quite, fairly* („ziemlich"), *nearly* („fast, beinahe"), *really, hardly* („kaum") stehen meist direkt vor dem Wort, das sie verstärken oder abschwächen.

Das Verb (The verb)

Verbarten (Types of verbs)

14 Vollverben (Full verbs)

David likes Wales.
The children made dinner last night.

Vollverben können **allein** – d.h. ohne ein weiteres Verb – im Satz auftreten.

Infinitiv (Infinitive)	(to) ask, (to) carry, (to) give, (to) run
-*s*-Form (-*s* form) für die 3. Pers. Sing.	asks, carries, gives, runs
-*ing*-Form (-*ing* form) Gerundium (Gerund) Partizip Präsens (Present participle)	asking, carrying, giving, running
Simple past-Form (Simple past form)	asked, carried, gave, ran
Partizip Perfekt (Past participle)	asked, carried, given, run

Von jedem englischen Vollverb kannst du fünf Formen bilden.

15 *be, do, have*

Vollverb	Hilfsverb
Emma is nice.	Mr Evans is working.
David did the housework yesterday.	Did you see Julie? – No, I didn't (see her).
The Porters usually have dinner at six o'clock.	The Parkers have moved to London.

▶ Kurzformen – Übersicht: 138

Die Verben *be, do* und *have* können **Vollverben oder Hilfsverben** sein. Als Hilfsverben werden sie zur Bildung der Zeitformen des Vollverbs verwendet.

16 Modale Hilfsverben (Modal auxiliaries / Modals)

I'm glad I wasn't born in France. – Why? – I can't speak French.

May I come in?
Darf ich hereinkommen?
Emma can speak Welsh.
Emma kann Walisisch (sprechen).
We must go home now.
Wir müssen jetzt nach Hause (gehen).

Modale **Hilfsverben** werden **in Verbindung mit dem Infinitiv eines Vollverbs** verwendet (ohne *to*).
Nur in Kurzantworten können modale Hilfsverben allein stehen:
Can you speak Welsh? – No, I can't.

can	must	shall
could	mustn't	should
may	needn't	will
might	ought to	would

Diese modalen Hilfsverben gibt es im Englischen.

▶ Modale Hilfsverben: 17–30
▶ Kurzformen – Übersicht: 138

Modale Hilfsverben (Modal auxiliaries / Modals)

17 Gebrauch (Use)

Emma **can** help David.
Emma **kann** David helfen.
My sister **must** stay in bed for a few days.
Meine Schwester **muss** ein paar Tage im Bett bleiben.
You **mustn't** smoke here.
Sie **dürfen** hier **nicht** rauchen.
You **should** ask your teacher.
Du **solltest** deine Lehrerin fragen.

3:4

Modale Hilfsverben drücken aus, dass etwas sein oder geschehen **kann, muss, darf** oder **soll**.

You mustn't smoke here.

Formen (Forms)

18 Besonderheiten (Special features)

You **can** go now.

I **can** swim. / She **can** swim.

Can you swim? – No, I **can't** swim.

- Auf das modale Hilfsverb folgt der **Infinitiv ohne *to*.**
- Es gibt **keine Endungen** auf *-s, -ing* oder *-ed*.
- Frage und Verneinung werden **ohne *do/does/did*** gebildet.

Emily **can't** drive yet. She's only 16. But she'**ll be allowed to** drive a car next year when she's 17.
Emily kann/darf noch nicht Auto fahren. … Aber sie wird nächstes Jahr ein Auto fahren dürfen, … .
She **must** wait another six months before she can learn to drive. She'**ll have to** practise a lot if she wants to pass her driving test.
Sie muss noch sechs Monate warten … . Sie wird viel üben müssen, wenn sie ihre Fahrprüfung bestehen will.
Her parents **may be able to** help her.
Ihre Eltern können ihr vielleicht helfen.

▶ Ersatzverben: 19–21

3:4

- Modale Hilfsverben haben **nur eine *present tense*-Form** (*can, may, must* usw.)*. Daher können modale Hilfsverben zusammengesetzte Zeitformen wie *will-future* oder *present perfect* nicht bilden. Zu bestimmten modalen Hilfsverben gibt es jedoch ein **„Ersatzverb"** mit ähnlicher Bedeutung, von dem du den Infinitiv, die *-ing*-Form und alle Zeitformen bilden kannst.

* Das Modalverb *can* hat auch eine *past tense*-Form: *could*.

19 *can – be able to* (können)

Present tense	I **can** swim. I'**m able to** swim.	He **can't** swim. He **isn't able to** swim.
Past tense	I **could** swim. I **was able to** swim.	He **couldn't** swim. He **wasn't able to** swim.
Present perfect	I'**ve been able to** swim.	He **hasn't been able to** swim.
will-future	I'**ll be able to** swim.	He **won't be able to** swim.

3:4

- Im *present* ist *can* gebräuchlicher als *am/are/is able to*.
- *can* kann sich auch auf die Zukunft beziehen: *We can play chess tonight.*
- *could* wird vor allem in verneinten Sätzen und in Fragen verwendet.
- *could* kann auch „könnte(n)" bedeuten: *We could play chess tonight.* Es bezieht sich dann auf Gegenwart oder Zukunft und kann nicht durch *was/were able to* ersetzt werden.

20 *can/may* – *be allowed to* (dürfen)
can't/mustn't – *be not allowed to* (nicht dürfen)

Present tense	I can go. I'm allowed to go.	He can't/mustn't go. He isn't allowed to go.
Past tense	I could go. I was allowed to go.	He couldn't go. He wasn't allowed to go.
Present perfect	I've been allowed to go.	He hasn't been allowed to go.
will-future	I'll be allowed to go.	He won't be allowed to go.

3: 4

- Für sehr höfliche Bitten um Erlaubnis verwendet man Fragen mit *May I … / May we …?*: *May I use your phone, please?*
- *can* und *may* können sich auch auf die Zukunft beziehen: *Can/May I go to the cinema tomorrow?*
- *could* wird vor allem in verneinten Sätzen und in Fragen verwendet.

21 *must* – *have to* (müssen)
needn't – *not have to* (nicht müssen/brauchen)

Present tense	I must go. I have to* go.	He needn't go. He doesn't have to go.
Past tense	I had to go.	He didn't have to go.
Present perfect	I've had to go.	He hasn't had to go.
will-future	I'll have to go.	He won't have to go.

* Im Präsens findest du statt *have to* auch *have got to*: *I've got to stay at home. You haven't got to stay in bed. Have you got to go now? – Yes, I have. / No, I haven't.*

3: 4

- Für das deutsche „müssen" wird *have to** sehr viel häufiger verwendet als *must*.

⚠ Fragen und Verneinungen mit *have to* werden im *simple present* und *simple past* mit einer Form von *do* gebildet:
Do you have to go now? – Yes, I do.
Did you have to tell Mum about it?
She doesn't have to leave now.

- *must* kann sich auch auf die Zukunft beziehen:
I must get up early tomorrow.

Nicht verwechseln:

- ***You needn't go.*** **=**
„Du brauchst nicht zu gehen."
„Du musst nicht gehen."
- ***You mustn't go.*** **=**
„Du darfst nicht gehen."

Übersicht: Was drücken modale Hilfsverben aus?
(Overview: What do modal auxiliaries express?)

Mit **modalen Hilfsverben** kannst du ganz **unterschiedliche Sprechabsichten** ausdrücken. Schau dir die folgende Übersicht an. (▶ 22–30)

22 Fähigkeit (Ability) – *can, could, be able to*

My grandpa can walk / is able to walk on his hands.
Mein Opa **kann** auf den Händen laufen.
My sister could read / was able to read when she was four years old.
Meine Schwester **konnte** lesen, als sie vier Jahre alt war.
Do you think we'll be able to stop pollution?
Glaubst du, wir **werden** die Umweltverschmutzung stoppen **können**?

3: 4

Grandpa can walk on his hands.

23 Erlaubnis (Permission) – *can, may, could, be allowed to*
Verbot (Prohibition) – *mustn't, can't, be not allowed to*

Ellie can watch / is allowed to watch TV until 11 o'clock.
Ellie **kann/darf** bis 11 Uhr fernsehen.
When I was 12, I couldn't watch / wasn't allowed to watch TV after 9 pm. ..., **durfte** ich nach 21 Uhr **nicht** fernsehen.
Can/May we feed the animals?
– Sorry, you mustn't/can't feed them.
Können/Dürfen wir die Tiere füttern?
– Es tut mir Leid, ihr **dürft/könnt** sie leider **nicht** füttern. 3:4

Ellie can watch TV until 11 o'clock.

24 Notwendigkeit, Zwang (Necessity, strong obligation) – *must, have to, needn't*

We must answer / have to answer questions 1, 2 and 4.
Wir **müssen** die Fragen 1, 2 und 4 beantworten.
But we needn't answer question 3.
Aber wir **müssen** Frage 3 **nicht** beantworten. / ... **brauchen** Frage 3 **nicht** zu beantworten.
I had to work hard to pass the test.
Ich **musste** hart arbeiten, um den Test zu bestehen. 3:4

He had to work hard to pass the test.

25 Verpflichtung, Ratschlag (Obligation, advice) – *should, ought to*

Sophie doesn't feel well. She should go / ought to go and see a doctor. ... Sie **sollte** zum Arzt gehen.
You shouldn't talk / oughtn't to talk so loudly. You'll wake up the baby. Du **solltest nicht** so laut reden. ...
3:4 (p. 159)

Die Verneinung *oughtn't to* klingt sehr förmlich und ist daher eher selten.

26 Bitte, Aufforderung (Request) – *can, could, would*

Can/Could/Would you close the window, please?
Können/Könnten/Würden Sie bitte das Fenster schließen?

27 Vorschlag, Angebot (Suggestion, offer) – *Shall I/we ...?*

Shall we take the bus, or shall I phone for a taxi?
Sollen wir den Bus nehmen, oder **soll** ich ein Taxi bestellen?

28 Möglichkeit (Possibility) – *can, may, might, could*

Lucy is late. Where can/could she be?
... Wo **kann/könnte** sie sein?

– She may be ill. **Vielleicht** ist sie krank.
– She might/could be ill. Sie **könnte (vielleicht)** krank sein.

3: 3 (S. 155)

29 Vermutung, Wahrscheinlichkeit, Schlussfolgerung (Assumption, probability, deduction) – *should, ought to, must, can't*

He left an hour ago. He should be / ought to be home by now. Er **sollte/müsste eigentlich** jetzt zu Hause sein.
That boy over there must be Jessica's brother.
– No, he's much too old. He can't be her brother.
Der Junge dort drüben **muss** Jessicas Bruder sein.
– Nein, ... Er **kann nicht** ihr Bruder sein.

3: 3 (S. 155 / S. 159)

30 Modale Hilfsverben + *have* + Partizip Perfekt (Modal auxiliaries + *have* + past participle)

What can **have happened** to Ben? He isn't usually late.
Was **kann** mit Ben **passiert sein**? ...
– He may/might **have missed** the bus.
Er **hat vielleicht** den Bus **verpasst** / **könnte** den Bus **verpasst haben**.
– He must **have forgotten** the meeting.
Er **muss** das Treffen **vergessen haben**.

You needn't **have come**. You could **have phoned** me.
Du **hättest nicht kommen müssen**. Du **hättest anrufen können**.

I shouldn't **have swum** there. I could **have drowned**[1].
Ich **hätte** dort **nicht schwimmen sollen**. Ich **hätte ertrinken können**.

[1] (to) drown [draʊn]

4: 3

▶ Der Infinitiv Perfekt im Bedingungssatz III: 125

Why have you got a sandwich behind your ear?
– Oh no. I must have eaten my pencil for lunch.

Modale Hilfsverben, auf die *have* + Partizip Perfekt folgt, beziehen sich auf die Vergangenheit. Sie drücken aus, was möglicherweise geschehen ist oder was hätte geschehen können, sollen, müssen usw.
Die Kombination aus *have* und Partizip Perfekt nennt man auch **Infinitiv Perfekt** *(perfect infinitive)*:
(to) have missed = „verpasst haben",
(to) have happened = „passiert sein"

Das Vollverb (The full verb)

31 Die Zeitformen – Übersicht (The tenses – overview)

Die folgende Übersicht enthält Langformen *(He is asking; He will not ask)*. Beim Sprechen – oder bei der schriftlichen Wiedergabe von gesprochener Sprache – werden meist Kurzformen benutzt *(He's asking; He won't ask)*.

▶ Kurzformen – Übersicht: 138

		Active	Passive ▶ 59–64
Present tense	**Simple present** ▶ 32, 33, 37	He asks He does not ask Does he ask?	He is asked He is not asked Is he asked?
	Present progressive ▶ 34–37	He is asking He is not asking Is he asking?	He is being asked He is not being asked Is he being asked?
Past tense	**Simple past** ▶ 38, 39, 45	He asked He did not ask Did he ask?	He was asked He was not asked Was he asked?
	Past progressive ▶ 40, 41	He was asking He was not asking Was he asking?	He was being asked He was not being asked Was he being asked?
Present perfect	**Present perfect (simple)** ▶ 42–45	He has asked He has not asked Has he asked?	He has been asked He has not been asked Has he been asked?
	Present perfect progressive ▶ 46, 47	He has been asking He has not been asking Has he been asking?	
Past perfect	**Past perfect (simple)** ▶ 48, 49	He had asked He had not asked Had he asked?	He had been asked He had not been asked Had he been asked?
	Past perfect progressive ▶ 50, 51	He had been asking He had not been asking Had he been asking?	
Future	***will*-future** ▶ 52, 53, 56	He will ask He will not ask Will he ask?	He will be asked He will not be asked Will he be asked?
	***going to*-future** ▶ 54–56	He is going to ask He is not going to ask Is he going to ask?	He is going to be asked He is not going to be asked Is he going to be asked?

3:1

Die einfache Form der Gegenwart (The simple present)

Das *simple present* hat die Form des Infinitivs. Nur in der 3. Person Singular wird *-(e)s* angehängt.

32 Bildung (Form)

I/You	play	I/You	do not play	Do	I/you	play?
He/She/It	plays	He/She/It	does not play	Does	he/she/it	play?
We	play	We	do not play	Do	we	play?
etc.						

▶ Kurzformen – Übersicht: 138

33 Gebrauch (Use)

Das ***simple present*** wird verwendet,

Julie starts school at ten past nine.
She **usually** gets up at 7.45.
She leaves the house at 8.45.
She **never** walks, she **always** takes the bus.
At the weekends she **often** goes to Camden Lock Market with her friends.

- um auszudrücken, dass etwas **wiederholt** (regelmäßig, immer, jedes Wochenende, oft, manchmal) oder **nie** geschieht. Oft findest du Zeit- und Häufigkeitsangaben wie *every morning, on Fridays, in the evenings, never, always, often, usually, sometimes* in *simple present*-Sätzen.

Light travels faster than sound.
Add yellow to blue and you get green.

- wenn man sagen will, dass etwas **immer so ist**.

First Julie does Geography. **Then** she goes to Maths.
After that she goes to the gym for PE.

- um **mehrere aufeinander folgende Handlungen** zu beschreiben. In solchen Sätzen findest du oft Wörter wie *first, then* und *after that*.

What does the text say about the lady in red?
The film describes everyday life in Wales.

- wenn man über einen Text oder Film spricht, wenn man also sagen will, **wovon etwas handelt.**

Hannah will phone you **when** she gets home.
You'll have to wait **till** the bank opens.

▶ Bedingungssätze I: 123

- in **Nebensätzen der Zeit**, die sich auf die **Zukunft** beziehen. (Im Hauptsatz meist: *will-future*.)

simple present:

- **wenn jemand etwas regelmäßig, oft (z.B. als Hobby/Beruf) oder nie tut**
- **wenn etwas immer so ist**
- **für mehrere aufeinander folgende Handlungen**
- **wenn man über einen Text oder Film spricht**
- **in Nebensätzen der Zeit, die sich auf die Zukunft beziehen.**

Die Verlaufsform der Gegenwart (The present progressive)

34 Bildung (Form)

Das *present progressive* wird mit einer **Form von *be (am/are/is)* + *-ing form*** gebildet.

I	am	playing	I	am not	playing	Am	I	playing?
You	are	playing	You	are not	playing	Are	you	playing?
He/She/It	is	playing	He/She/It	is not	playing	Is	he/she/it	playing?
We	are	playing	We	are not	playing	Are	we	playing?
etc.								

▶ Kurzformen – Übersicht: 138

35 Gebrauch (Use)

Julie is on the phone.
She's talking to her friend Emily.

EMILY Hi, Julie. What are you doing?
JULIE I'm writing a letter to my cousin.
EMILY Aren't you watching 'Top of the Pops'?
JULIE No, I'm not. My cousin is waiting for the letter. I have to finish it today.

Das ***present progressive*** wird verwendet, um auszudrücken, dass **jemand gerade etwas tut** oder dass **etwas noch im Verlauf** und **noch nicht abgeschlossen** ist:
Julie telefoniert gerade mit Emily. Sie sagt, dass sie gerade dabei ist, einen Brief zu schreiben. (Sie hat zwar das Schreiben gerade unterbrochen, aber der Brief ist noch nicht fertig – sie wird nach dem Telefonat mit Emily weiterschreiben.)
Häufige Zeitangaben sind *now, at the moment, just* („gerade"), *still* („noch").

present progressive:

wenn jemand gerade dabei ist, etwas zu tun, oder wenn etwas noch im Verlauf und noch nicht abgeschlossen ist.

36

Es gibt eine Reihe von Verben, die normalerweise **nicht in der *progressive form*** verwendet werden, weil sie keine Tätigkeiten beschreiben:

- Verben, die Zustände, Eigenschaften oder Besitzverhältnisse beschreiben

be sein	**need** brauchen
cost kosten	**seem** *zu sein/tun* scheinen
have haben, besitzen	**smell** riechen, stinken
look aussehen	**sound** klingen, sich anhören
mean bedeuten	**taste** schmecken

- Verben des Meinens, Wissens und Vermutens

agree übereinstimmen	**suppose** annehmen, vermuten
believe glauben	**think** glauben, meinen
imagine sich vorstellen	**understand** verstehen
know wissen, kennen	**wonder** sich fragen
remember sich erinnern (an)	
see verstehen, einsehen	

- Verben des Mögens, Nichtmögens und Wollens

hate hassen	**prefer** lieber mögen, vorziehen
like mögen	**want** wollen, haben wollen
love lieben, sehr mögen	

- Verben der Sinneswahrnehmung

feel fühlen	**notice** bemerken
hear hören	**see** sehen

37 *Simple present* oder *present progressive*?

simple present	**present progressive**

Sophie Valentine **writes** poems.	Sophie Valentine **is writing** some new poems.
Sophie Valentine schreibt Gedichte.	Sophie Valentine schreibt (gerade) einige neue Gedichte.

simple present:

wiederholt, regelmäßig, als Hobby oder Beruf

present progressive:

gerade jetzt, noch im Verlauf, noch nicht abgeschlossen

IM ÜBERBLICK

Mit dem deutschen Satz „Sophie schreibt Gedichte" kannst du zwei verschiedene Dinge ausdrücken:

- dass das Schreiben von Gedichten Sophies Beruf oder Hobby ist ***oder***
- dass Sophie gerade dabei ist, Gedichte zu schreiben.

Im Englischen gibt es dafür das *simple present* und das *present progressive*:

- Mit dem ***simple present*** drückst du aus, dass Sophie **regelmäßig** Gedichte scheibt. Das Schreiben von Gedichten ist ihr Beruf oder Hobby.
- Mit dem ***present progressive*** drückst du aus, dass Sophie **jetzt gerade** dabei ist, Gedichte zu schreiben.

Die einfache Form der Vergangenheit (The simple past)

38 Bildung (Form)

I		I			I	
You		You			you	
He	played	He	did not play	Did	he	play?
She	sang	She	did not sing	Did	she	sing?
It		It			it	
We		We			we	
etc.						

▶ Kurzformen – Übersicht: 138

Die *simple past*-Form der **regelmäßigen Verben** wird gebildet, indem du ***-ed*** an den Infinitiv anhängst.
Es gibt für alle Personen nur eine Form.
Unregelmäßige Verben haben eine eigene *simple past*-Form.

▶ Liste der unregelmäßigen Verben: 139

39 Gebrauch (Use)

My sister played in a band **last year**.
Did you watch 'Top of the Pops' **yesterday**?
– No, I didn't. I wasn't at home.
When did you buy that dress? And where did you get it?
– I think I bought it **two weeks ago**, at 'Fashion 21'.
When I was a child we always went to Italy in the summer.

Das ***simple past*** wird verwendet,

- um auszudrücken, dass etwas zu einem **bestimmten Zeitpunkt** (Frage: „**wann?**") oder in einem bestimmten **abgeschlossenen Zeitraum** in der **Vergangenheit** geschehen ist. Oft findest du Zeitangaben wie *yesterday, last year, a week ago, in 1997, on May 8th, when I was a child* sowie das Fragewort *when* in *simple past*-Sätzen.
- um über **vergangene Ereignisse** zu **berichten** oder eine **Geschichte** zu **erzählen**.

Tiger in City Centre

Yesterday afternoon a tiger escaped from Chester Zoo. The animal walked into the city centre and shocked hundreds of Christmas shoppers. Children started to cry and people tried to escape into shops and cafés. The police were called, and after two hours they finally caught the animal in front of a pet shop. It was taken back to the zoo at once.

▶ Das *simple past* im Bedingungssatz II: 124
▶ Das *simple past* in der indirekten Rede: 132

K

My sister **played** in a band **last year**.
Meine Schwester **hat** letztes Jahr in einer Band **gespielt**.
oder: Meine Schwester **spielte** letztes Jahr in einer Band.

When **did** you **phone** your parents?
Wann **hast** du deine Eltern **angerufen**?

▶ *Present perfect* oder *simple past*?: 45

Im Deutschen benutzen wir oft das Perfekt, wenn wir sagen, **wann** etwas getan wurde oder geschah.
Im Englischen **muss** in diesen Fällen das ***simple past*** stehen.

simple past:

- **wenn du sagst, wann jemand etwas getan hat oder wann etwas geschah**
- **wenn du über Vergangenes berichtest und Geschichten erzählst.**

Die Verlaufsform der Vergangenheit (The past progressive)

40 Bildung (Form)

Das *past progressive* wird mit ***was/ were*** + ***-ing form*** gebildet.

I	was	playing	I	was not	playing	Was	I	playing?
You	were	playing	You	were not	playing	Were	you	playing?
He/She/It	was	playing	He/She/It	was not	playing	Was	he/she/it	playing?
We	were	playing	We	were not	playing	Were	we	playing?
etc.								

▶ Kurzformen – Übersicht: 138

41 Gebrauch (Use)

Das ***past progressive*** wird verwendet,

- um auszudrücken, dass zu einer **bestimmten Zeit** in der **Vergangenheit** eine Handlung oder ein Vorgang **gerade im Gange** und **noch nicht abgeschlossen** war.

Four people were waiting in the bank,

when suddenly a man with a gun **came** in.

past progressive — simple past

- um zu sagen, was **gerade vor sich ging**, als etwas anderes passierte.

Birds were singing and dogs were playing in the park. People were sitting on benches and talking. Suddenly there **was** a loud noise and everything **changed**. …

Oft findest du das *past progressive* in Berichten und Erzählungen: Es beschreibt dann die Situation oder „Szene", in der etwas geschah.

⚠ (1) When Amy arrived, Pete **was having** lunch.
(2) When Amy arrived, Pete **had** lunch.

In **Satz 1** *(past progressive)* war Pete bereits beim Essen, als Amy kam.
In **Satz 2** *(simple past)* begann Pete erst mit dem Essen, als Amy kam.

▶ Verben, die normalerweise nicht in der *progressive form* verwendet werden: 36

past progressive:

wenn etwas zu einer bestimmten Zeit in der Vergangenheit gerade im Gange und noch nicht abgeschlossen war.

Das Perfekt (The present perfect)

Das *present perfect* wird mit ***have/has*** + **Partizip Perfekt** *(past participle)* gebildet. ▶ Liste der unregelmäßigen Verben: 139

42 Bildung (Form)

I You	have		I You	have not		Have	I you	
He She It	has	played sung	He She It	has not	played sung	Has	he she it	played? sung?
We *etc.*	have		We	have not		Have	we	

▶ Kurzformen – Übersicht: 138

43 Gebrauch (Use)

Das ***present perfect*** wird verwendet,

- um auszudrücken, **dass** (nicht: wann) **etwas geschehen ist**. Der genaue Zeitpunkt ist unwichtig (oder nicht bekannt) und wird nicht genannt. Oft hat das Geschehen Auswirkungen auf die Gegenwart oder Zukunft (ich weiß nicht, wo Harry ist; wir warten noch auf Glen). Oft findest du unbestimmte Zeitangaben wie *already, always, before, ever, just, never, often, (not …) yet* in *present perfect*-Sätzen.

There have been a lot of accidents in our street.
I've **just** come back from a trip to Wales.
Harry hasn't phoned, so I don't know where he is.
Where's Glen? – He hasn't arrived **yet**. We're still waiting for him.
Have you **ever** tried Greek food?
– No, I haven't. / Yes, I have.

'Hello, we've just moved in next door and to save time we've done this video of our lives so far.'

next door *nebenan*

- um auszudrücken, dass ein **Zustand in der Vergangenheit begonnen hat** und **jetzt noch andauert**. Im Deutschen benutzt man dafür oft das Präsens. (▶ Verben, die einen Zustand beschreiben: 36)

How long have you been here?
– **Since 1998.** / **For 18 months.**
Wie lange bist du schon hier? – Seit 1998. / Seit 18 Monaten.
Mr Smith has had the same job **for years**.
Herr Smith hat (schon) seit Jahren denselben Job.

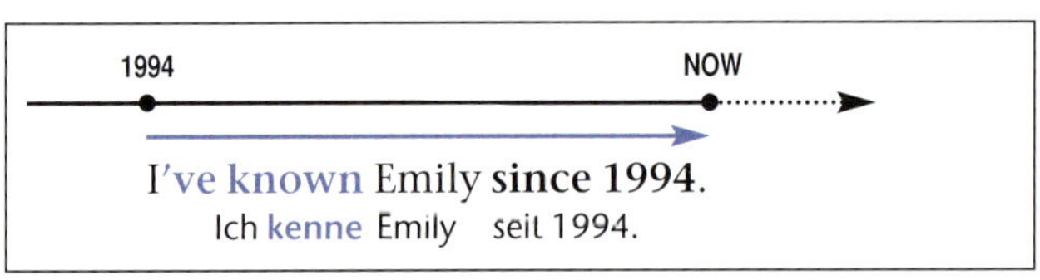

3:1

▶ *since* und *for*: 44 ▶ *Present perfect* oder *simple past*?: 45

present perfect:

- **wenn du sagen willst, <u>dass</u> jemand etwas getan hat oder <u>dass</u> etwas geschehen ist**
- **wenn du sagen willst, dass ein Zustand in der Vergangenheit begonnen hat und jetzt noch andauert.**

44 *since* und *for*

Glen **has been** in the library **since two o'clock.**
... seit zwei Uhr ...

Glen **has been** in the library **for three hours.**
... seit drei Stunden ... /
... schon drei Stunden lang ...
Nie: ... ~~since three hours~~

Du verwendest das ***present perfect* mit *since*** bzw. ***for***, wenn du sagen willst, **seit wann oder wie lange ein Zustand schon andauert:**

- Mit *since* drückst du aus, **wann** (zu welchem Zeitpunkt) der Zustand begonnen hat.

since + Zeitpunkt

- Mit *for* drückst du aus, **wie lange** der Zustand schon andauert.

for + Zeitraum

Also gibt es für „**seit**" im Englischen zwei Wörter: ***since*** und ***for***.

Genau: ***since*** mit dem **i-Punkt** für Zeit**punkte** und ***for*** mit dem „**r**" für Zeit**r**äume.

K We**'ve had** a dog **since 1997.** *Nie:* ~~We have a dog since 1997.~~
Wir **haben seit 1997** einen Hund.

I**'ve known** Emily **for ten years.** *Nie:* ~~I know her for ten years.~~
Ich **kenne** Emily (schon) **seit zehn Jahren.**

3:1

⚠ Im Deutschen steht „seit" oft mit dem Präsens, wenn wir sagen, wie lange ein Zustand schon andauert. Im Englischen **muss** das *present perfect* stehen.

45 *Present perfect* oder *simple past*?

◀ **IM ÜBERBLICK**

present perfect	simple past
Why isn't Julie here? **Has** she **moved**? – Yes, she **has.**	She **moved** to London **in the summer.**
How long has she **lived** in London? – **Since 1998.**	**When did** she **move** to London? – **In 1998.**

- Jemand fragt, **ob** Julie weggezogen ist (nicht: wann) → ***present perfect***. Es wird bestätigt, **dass** sie weggezogen ist *(Yes, she has.)* → ***present perfect***.
  Und dann wird gesagt, **wann** das war *(in the summer)* → ***simple past***.

- **„Seit wann ...?" / „Wie lange ...?"** → ***present perfect***
  „Wann ...?" / „Zu welchem Zeitpunkt ...?" → ***simple past***

▶ *Simple past:* 38, 39

Die Verlaufsform des Perfekts (The present perfect progressive)

Das *present perfect progressive* wird mit ***have/has* + *been* + *-ing form*** gebildet.

46 Bildung (Form)

I You	have	been playing	I You	have not	been playing	Have	I you	been playing?
He She It	has	been playing	He She It	has not	been playing	Has	he she it	been playing?
We *etc.*	have	been playing	We	have not	been playing	Have	we	been playing?

▶ Kurzformen – Übersicht: 138

47 Gebrauch (Use)

Das ***present perfect progressive*** wird verwendet, um auszudrücken, dass **eine Handlung oder ein Vorgang in der Vergangenheit begonnen hat** und bis (oder fast bis) **in die Gegenwart andauert**.

The kids have been playing cards **all day**.
Die Kinder spielen schon den ganzen Tag Karten.
Glen has been doing his homework **since 3 o'clock**.
Glen macht seit 3 Uhr seine Hausaufgaben.
Sophie has been trying to learn Spanish **for years**.
Sophie versucht seit Jahren, Spanisch zu lernen.

Wenn du sagen willst, **seit wann oder wie lange** die Handlung/der Vorgang schon andauert, verwendest du Zeitangaben mit ***since*** bzw. ***for***.

⚠ Im Deutschen benutzt man in diesem Fall meist das Präsens. Im Englischen **muss** das *present perfect progressive* stehen!

K You**'ve been driving for three hours** now. Shall I drive now? Du **fährst** jetzt schon **seit drei Stunden**. …
Nie: You~~'re driving~~ for three hours now. …

3:1

▶ *since* und *for*: 44
▶ Verben, die normalerweise nicht in der *progressive form* verwendet werden: 36

Weil mit dem *present perfect progressive* das **Andauern** eines Vorgangs betont wird, werden Verben, die einen nur kurzen Vorgang beschreiben – z.B. *break* („zerbrechen"), *drop* („fallen lassen"), *fall* („fallen") – normalerweise nicht im *present perfect progressive* verwendet.

present perfect progressive:

wenn du sagen willst, dass eine Handlung oder ein Vorgang in der Vergangenheit begonnen hat und jetzt noch andauert.

Das Plusquamperfekt (The past perfect)

Das *past perfect* wird mit ***had*** + **Partizip Perfekt** *(past participle)* gebildet.

▶ Liste der unregelmäßigen Verben: 139

48 Bildung (Form)

I You He/She/It We *etc.*	had played had sung	I You He/She/It We	had not played had not sung	Had Had	I you he/she/it we	played? sung?

▶ Kurzformen – Übersicht: 138

K I **had** never **tried** Indian food before. It was great!
Ich **hatte** vorher noch nie indisches Essen **probiert**. …
Katie was angry. Her train **had** already **left**.
Katie war wütend. Ihr Zug **war** schon **abgefahren**.

Im Deutschen wird im Plusquamperfekt „hatte" oder „war" verwendet. Im Englischen steht immer ***had***.

49 Gebrauch (Use)

One of his friends had been in hospital for ten days when Glen came back home.
Einer seiner Freunde lag schon seit zehn Tagen im Krankenhaus, als Glen wieder nach Hause kam .
Amy had already gone home when we arrived at the party at 10 o'clock.
Amy war schon nach Hause gegangen, als wir um 10 Uhr auf der Party ankamen.

Das ***past perfect*** (Plusquamperfekt, **Vor**vergangenheit) wird verwendet, um auszudrücken, dass eine Handlung **vor einer anderen Handlung in der Vergangenheit** stattgefunden hatte, oder dass ein Zustand **vor einem Zeitpunkt in der Vergangenheit** begonnen hatte.

yesterday, **before** 10 o'clock	yesterday, 10 o'clock — NOW
	(We **arrived** at the party at 10 o'clock.)
past perfect	**simple past**
Amy had already gone home	when we **arrived** at the party **at 10 o'clock**.

Das *simple past* drückt aus, dass etwas zu einem bestimmten Zeitpunkt in der Vergangenheit stattfand: *Gestern Abend kamen wir um 10 Uhr auf der Party an.*
Vorher war bereits etwas anderes geschehen: *Amy war schon nach Hause gegangen.* → *past perfect.*

⚠ (1) The lesson **had started** when Glen arrived.
Der Unterricht **hatte begonnen**, als Glen kam.
(2) The lesson **started** when Glen arrived.
Der Unterricht **begann**, als Glen kam.

In **Satz 1** hatte der Unterricht bereits begonnen, als Glen kam.
In **Satz 2** begann er erst, als Glen kam.

After grandpa's train had left, we went home.
oder: After grandpa's train left, we went home.

Wenn die Reihenfolge der Ereignisse klar ist, steht nach *after* oft das *simple past* anstelle des *past perfect.*

3:4

▶ Das *past perfect* im Bedingungssatz III: 125
▶ Das *past perfect* in der indirekten Rede: 132

past perfect:

wenn du sagen willst, dass etwas bereits vor etwas anderem stattgefunden oder begonnen hatte.

Die Verlaufsform des Plusquamperfekts (The past perfect progressive)

Das *past perfect progressive* wird mit ***had*** + ***been*** + ***-ing form*** gebildet.

50 Bildung (Form)

I You He She It We *etc.*	had been playing	I You He She It We	had not been playing	Had	I you he she it we	been playing?

▶ Kurzformen – Übersicht: 138

51 Gebrauch (Use)

It was 6 o'clock, and Mr Patel was tired. He had been working in the garden **for four hours**.
… Er hatte seit vier Stunden/vier Stunden lang im Garten gearbeitet.
Glen came home at 10 o'clock. Amy had been waiting for him **all day**.
… Amy hatte schon den ganzen Tag auf ihn gewartet. 3: 4

▶ Verben, die normalerweise nicht in der *progressive form* verwendet werden: 36

Das ***past perfect progressive*** wird verwendet, um auszudrücken, dass eine Handlung oder ein Vorgang **vor einem Zeitpunkt in der Vergangenheit begonnen hatte** und bis (oder fast bis) **zu diesem Zeitpunkt andauerte**.

Das Futur mit *will* (The *will*-future)

Das *will-future* wird mit ***will*** + **Infinitiv** gebildet.

52 Bildung (Form)

I You He She *etc.*	will play	I You He She	will not play	Will	I you he she	play?

▶ Kurzformen – Übersicht: 138

⚠ Die Kurzform von *will not* ist *won't*: *I/You/… won't play.*

53 Gebrauch (Use)

Das ***will-future*** wird verwendet,

My mother will be 40 next year.

- um über **nicht beeinflussbare zukünftige Ereignisse** zu sprechen.

I suppose the weather will be fine tomorrow.
You won't get much money for your old computer.
Hannah will phone you **when** she **gets** home.
If you **come** to my party tomorrow, you'll meet Sue.

▶ Bedingungssätze I: 123

- um **Vermutungen** über die Zukunft zu äußern oder **Vorhersagen** zu machen. (In Nebensätzen der Zeit und in *if*-Sätzen steht nicht das *will-future*, obwohl sie sich auf die Zukunft beziehen.)

Tea or coffee? – I think I'll have tea, please.
I can't carry all these bags. – I'll carry them for you.
I can't do all that work myself. – Don't worry. We'll help you.

- wenn man auf eine bestimmte Situation reagiert und einen **spontanen (nicht geplanten) Entschluss** fasst. Oft handelt es sich dabei um **Angebote** oder **Versprechen**.

Das Futur mit *going to* (The *going to*-future)

54 Bildung (Form)

Das *going to-future* wird mit ***am/are/is going to*** + **Infinitiv** gebildet.

I am going to play	I am not going to play	Am I going to play?
You are going to play	You are not going to play	Are you going to play?
He / She / It is going to play	He / She / It is not going to play	Is he / she / it going to play?
We are going to play	We are not going to play	Are we going to play?
usw.		

▶ Kurzformen – Übersicht: 138

55 Gebrauch (Use)

Das ***going to-future*** wird verwendet,

We're going to play cards this evening.

- um über **Absichten, Vorhaben, Pläne für die Zukunft** zu sprechen.

- um auszudrücken, dass etwas **mit großer Wahrscheinlichkeit** geschehen wird. Es gibt bereits sichtbare Anzeichen dafür.

56 Möglichkeiten, über zukünftige Ereignisse zu reden (Ways of talking about future events)

Wir **fahren** nächstes Jahr nach Wales.	We'**re going to go** …
Vorsicht, du **fällst** gleich.	…, you'**re going to fall**.
Ich bin sicher, es **regnet** morgen.	I'm sure it **will rain** …
Ich **helfe** dir.	I'**ll help** you.

Im Deutschen benutzt man oft das Präsens, um über die Zukunft zu sprechen. Im Englischen stehen meist *will-future* oder *going to-future*.

◀ IM ÜBERBLICK

***will*-future**

- My brother will be 16 next week.
  - für zukünftige Ereignisse, auf die man keinen Einfluss hat
- I think the rain will stop soon.
  - für Vermutungen und Vorhersagen
- How do you spell 'business', please? – I'll write it on the board for you.
  - für spontan gefasste Entschlüsse (Angebote, Versprechen).

***going to*-future**

- We're going to buy a new car next week.
  - für Absichten, Vorhaben, Pläne
- Look at those clouds. It's going to rain soon.
  - für Dinge, die mit großer Wahrscheinlichkeit geschehen werden.

Frageanhängsel (Question tags)

57 Bildung (Form)

That**'s** your mum's car, **isn't it?**
You**'ve** had your pet a long time, **haven't you?**
Lucy **can** play chess, **can't she?**

Frageanhängsel bestehen aus **Hilfsverb + Personalpronomen.**

- Wenn der **Aussagesatz bejaht** ist, ist das **Frageanhängsel verneint.**

Jack **isn't** working, **is he?**
You **haven't** seen Hannah, **have you?**
You **can't** cook very well, **can you?**
You **don't** speak English, **do you?**

- Wenn der **Aussagesatz verneint** ist, ist das **Frageanhängsel bejaht.**

Aussagesatz **+** → *Anhängsel* **–**
Aussagesatz **–** → *Anhängsel* **+**

Jessica **loves** music, **doesn't she?**
The Browns **live** in New York, **don't they?**
You **met** Sophie yesterday, **didn't you?**

Bejahte Aussagesätze im *simple present* und *simple past* haben kein Hilfsverb. Hier musst du im Frageanhängsel *don't / doesn't / didn't* verwenden.

That's correct, **isn't** it?
There **aren't** many girls in your class, **are** there?

Beachte: *This / That* → *... it?*
There → *... there?*

58 Gebrauch (Use)

You're German, aren't you?
Du bist Deutsche, gell?
The weather has been very nice, hasn't it?
Es war sehr schönes Wetter, nicht?
Amy can't speak Spanish, can she?
Amy kann kein Spanisch, nicht wahr?

Wenn man ziemlich sicher ist, dass die eigene Aussage richtig ist – wenn man also vom Gesprächspartner **Zustimmung** zu seiner Aussage erwartet –, dann wird das Frageanhängsel mit fallender Intonation gesprochen: Die Stimme geht am Ende des Satzes **nach unten**, wie bei einer Aussage.

You can't speak Italian, can you?
Du kannst nicht Italienisch sprechen / kannst kein Italienisch, oder?
Your friends live in Alaska, don't they?
Deine Freunde leben in Alaska, nicht (wahr)?
But you met Sophie yesterday, didn't you?
Aber du hast Sophie doch gestern getroffen, oder nicht? **4:1**

Wenn man aber unsicher ist und beim Gesprächspartner **nachfragen** will, wird das Frageanhängsel mit steigender Intonation gesprochen: Die Stimme geht wie bei einer Frage **nach oben.**

You live in London, **don't you?**
Du lebst in London, nicht wahr?

Zustimmung („Ja."/„Stimmt.")	**Widerspruch** („Nein.")
Yes, I do. / Yes, that's right.	No, I don't. (I live in ...)

You aren't from Germany, **are you?**
Du kommst nicht aus Deutschland, oder?

Zustimmung („Nein."/„Stimmt.")	**Widerspruch** („Doch!")
No, I'm not. / That's right.	I am! / Oh yes, I am!

Auf Aussagen mit Frageanhängseln kann man mit Zustimmung oder Widerspruch reagieren.

⚠ Im Deutschen widerspricht man einer verneinten Aussage meist mit „Doch!".
Im Englischen verwendet man – wie bei den Kurzantworten – das Hilfsverb aus dem Aussagesatz:
You aren't ..., are you?
– (Oh yes,) I am.

Das Passiv (The passive)

59 Aktiv und Passiv (Active and passive)

	Subject	
Active:	Fleming	**discovered** penicillin[1] in 1929.
	Fleming	entdeckte 1929 das Penizillin.
Passive:	Penicillin	**was discovered** in 1929.
	Penizillin	wurde 1929 entdeckt.

[1] [ˌpenɪˈsɪlɪn]

3: 2 / 4: 2

Man kann einen Vorgang aus verschiedenen Perspektiven beschreiben:

- Ein **Aktivsatz** drückt aus, **wer etwas tut**. Das Subjekt führt eine Handlung aus: *Fleming entdeckte …*
- Ein **Passivsatz** hebt hervor, **mit wem/womit etwas geschieht**. Mit dem Subjekt wird etwas getan: *Penizillin wurde … entdeckt.*

60 Bildung (Form)

		Form of *be*	Past participle	
Simple present	Lots of bikes	are	stolen.	… werden gestohlen.
Simple past	Lots of bikes	were	stolen.	… wurden gestohlen.
Present perfect	Lots of bikes	have been	stolen.	… sind gestohlen worden.
Past perfect	Lots of bikes	had been	stolen.	… waren gestohlen worden.
will-future	Lots of bikes	will be	stolen.	… werden gestohlen (werden).
going to-future	Lots of bikes	are going to be	stolen.	… werden gestohlen (werden).
Modal auxiliaries	Lots of bikes	might be	stolen.	… könnten gestohlen werden.

Das Passiv wird gebildet mit einer Form von *be* + Partizip Perfekt *(past participle)*, also

- im *simple present* mit *am/are/is* + Partizip Perfekt
- im *simple past* mit *was/were* + Partizip Perfekt
- im *present perfect* mit *have/has been* + Partizip Perfekt
- im *past perfect* mit *had been* + Partizip Perfekt
- im *will-future* mit *will* + *be* + Partizip Perfekt
- im *going to-future* mit *am/are/is going to* + *be* + Partizip Perfekt
- mit modalem Hilfsverb + *be* + Partizip Perfekt.

Your bike is being repaired at the moment.
The lions were just being fed when we got to the zoo.

3: 2 / 4: 2

Verlaufsformen des Passivs:

- *am/is/are* + *being* + Partizip Perfekt
- *was/were* + *being* + Partizip Perfekt

61 Gebrauch (Use)

At 4.15 yesterday afternoon an oil rig[1] was destroyed in the Gulf of Mexico. 54 Americans were thrown into the sea as heavy storms attacked the rig. Ships and helicopters were sent to the area at once, but not one of the 54 men could be found. It is now thought that all the men died in the storm.

[1] *Bohrinsel*

These photos were taken **by my wife**. **von meiner Frau**
The restaurant was destroyed **by fire**. **durch einen Brand**

3: 2 / 4: 2

Mit einem Passivsatz kannst du eine Handlung beschreiben, ohne zu sagen, wer sie ausführt. Das Passiv kommt daher oft in Nachrichten (z.B. über Verbrechen oder Unfälle), in historischen Berichten und in technischen Beschreibungen vor. Wenn du in einem Passivsatz den „Täter" oder „Verursacher" nennen willst, verwendest du die Präposition ***by***.

62 Das Passiv von Verben mit einem Objekt

	Subject		Object	
Active:	People	helped	me	after the accident.
Passive:	I	was helped		after the accident.

Mir (*Dativobjekt*) wurde … geholfen. / Man half mir … . / Es wurde mir … geholfen.

	Subject		Object	
Active:	Mr Evans	thanked	them	for their help.
Passive:	They	were thanked		for their help.

Ihnen (*Dativobjekt*) wurde … gedankt. / Man dankte ihnen … . / Es wurde ihnen … gedankt.

4: 2

Im Englischen kann das Passiv von fast allen Verben gebildet werden, auf die im Aktivsatz ein Objekt folgt.

Das gilt auch für Verben, deren deutsche Entsprechung ein Dativobjekt nimmt, z.B. *help/thank* ***somebody*** = „**jemandem** helfen/danken".
Von solchen Verben kann im Englischen ein Passivsatz mit einer Person als Subjekt gebildet werden („persönliches Passiv", *personal passive*), während im deutschen Passivsatz das Dativobjekt erhalten bleibt.
Vergleiche die Beispiele links mit ihren deutschen Übersetzungen.

63 Das Passiv von mehrteiligen Verben

Active: They **talked about** this problem all night.
Passive: This problem was talked **about** all night.
Über dieses Problem wurde die ganze Nacht geredet.

Active: Then someone **turned off** the lights, …
Passive: Then the lights were turned **off**, and we couldn't see a thing.
Dann wurde das Licht **aus**geschaltet … 3: 2 / 4: 2

Auch von **mehrteiligen Verben** (*talk about sth., ask for sth.; turn sth. on/off, throw sth. away*) lässt sich ein Passiv bilden.
Beachte, dass dabei Präposition (*about, for*) bzw. Adverb (*on/off, away*) im Passivsatz **direkt hinter dem Verb** stehen.

64 Das Passiv von Verben mit zwei Objekten

▶ Verben mit zwei Objekten: 7–9

	Subject		Person object	Thing object
Active:	The company	offered	my sister	a job.
(1) Passive:	A job	was offered **to** my sister.		

	Subject		Person object	Thing object
Active:	The company	offered	my sister	a job.
(2) Passive:	My sister	was offered	a job.	

Meiner Schwester (*Dativobjekt*) wurde ein Job angeboten. / Man hat meiner Schwester einen Job angeboten.

He **was paid** a lot of money.
Ihm wurde eine Menge Geld gezahlt. / Er bekam eine Menge Geld.
We **were given** some tools, and then we could start.
Uns wurden ein paar Werkzeuge gegeben, … / Wir bekamen … 4: 2

Wie du weißt, haben manche Verben ein **Personenobjekt** und ein **Sachobjekt** nach sich (z.B. *give, offer, pay*).

(1) Wie im Deutschen kann auch im Englischen das **Sachobjekt zum Subjekt des Passivsatzes** werden. (Meist wird dann das Personenobjekt mit *to* angehängt.)

(2) Meist wird im Englischen aber das **Personenobjekt zum Subjekt des Passivsatzes** („persönliches Passiv", *personal passive*).
Im Deutschen ist diese Passivkonstruktion nicht möglich – hier kann nur das Sachobjekt zum Subjekt werden, das Personenobjekt bleibt als Dativ erhalten.
Vergleiche die Beispiele links mit ihren deutschen Übersetzungen.

Der Infinitiv (The infinitive)

65 Formen (Forms)

Can you play football with us this afternoon, Ryan?
– No, Dad has asked me to tidy up my room today.

Der Infinitiv wird – je nach Satz – mit oder ohne *to* gebraucht.

▶ Der Infinitiv ohne *to*: 66–68
▶ Der Infinitiv mit *to*: 69–73

Es gibt vier Infinitiv-Formen.

	Active infinitive	Passive infinitive
Present infinitive	(to) find finden	(to) be found gefunden werden
Perfect infinitive	(to) have found gefunden haben	(to) have been found gefunden worden sein

Der Infinitiv ohne *to* (The infinitive without *to*)

66 Der Infinitiv ohne *to* nach Hilfsverben (The infinitive without *to* after auxiliary verbs)

Julie **can** swim well. — Julie kann gut schwimmen.
You **needn't** go now. — Du musst jetzt nicht gehen. / Du brauchst jetzt nicht zu gehen.
I **didn't** see her. — Ich habe sie nicht gesehen. / Ich sah sie nicht.

Der Infinitiv ohne *to* steht nach den Hilfsverben *can, could, may, might, must, mustn't, needn't, shall, should, will, would* sowie nach *do/does/did*.

67 *let/make* + Objekt + Infinitiv ohne *to*

Mr Evans **lets his son** stay up till midnight at weekends.
Mr Evans lässt seinen Sohn … bis Mitternacht aufbleiben.
But he **doesn't let him** watch TV all night.
Aber er lässt ihn nicht den ganzen Abend fernsehen.

My dad tries to **make me** go to bed at 10 o'clock.
Mein Vater versucht, mich dazu zu bringen, um 10 ins Bett zu gehen.

3: 4 (p. 160) / 4: 1

Verben, die auf *let/make* + Objekt folgen, stehen im Infinitiv (ohne *to*). Beachte den Bedeutungsunterschied:

- *let sb. do sth.* = „(zu)lassen, erlauben"
- *make sb. do sth.* = „(veran)lassen, dazu bringen, zwingen"

68 Verben der Wahrnehmung + Objekt + Infinitiv ohne *to* (Verbs of perception + object + infinitive without *to*)

We **didn't see anyone** leave the house.
Wir haben nicht gesehen, ob/dass jemand das Haus verlassen hat.
Didn't you **hear the phone** ring?
Hast du das Telefon nicht klingeln hören?
I **noticed a girl** walk towards a man, buy something from him and leave. Suddenly there were police everywhere, and I **saw an officer** take the man away.
Ich bemerkte, dass ein Mädchen auf einen Mann zuging, etwas von ihm kaufte und wegging. Plötzlich war überall Polizei, und ich sah einen Beamten den Mann wegbringen.

3: 4 / 4: 1

Nach Verben der Wahrnehmung wie *see, watch, notice* („bemerken"), *hear, listen to, feel* kann ein Objekt + Infinitiv (ohne *to*) stehen.
Im Deutschen steht oft ein Nebensatz mit „dass" oder „ob".

Der Infinitiv mit *to* (The infinitive with *to*)

69 Der *to*-Infinitiv nach Adjektiven, Nomen und Verben (The *to*-infinitive after adjectives, nouns and verbs)

I'm so **happy** to see you! — Ich bin so glücklich, dich **zu sehen**!
It's **important** to learn English.
It's **time** to go home. — Es ist Zeit, nach Hause **zu gehen**.
I think your **decision** to leave school now is wrong.
I'**m learning** to play chess. — Ich lerne Schach **zu spielen**.
I've **decided** to do judo.

Der *to*-Infinitiv kann stehen

- nach **Adjektiven**, z.B. *difficult, easy, good, happy, hard, important, …*
- nach **Nomen**, z.B. *chance, decision, plan, time, …*
- nach **Verben**, z.B. *agree, begin, decide, forget, hope, learn, plan, try, … .*

She wants to go home. — Sie möchte nach Hause gehen.
He would like to stay. — Er würde gern/möchte noch bleiben.

3: 5 / 4: 1

Hier entspricht der *to*-Infinitiv meist dem deutschen Infinitiv mit „zu". (Aber nicht bei *want to do* und *would like to do*!)

70 Der *to*-Infinitiv zum Ausdruck des Zwecks / der Folge (The *to*-infinitive expressing purpose and result)

Emily has gone to the supermarket to buy some bread.
Emily ist zum Supermarkt gegangen, **um** Brot **zu kaufen**.
We got up early (in order) to catch the first train.
Wir standen früh auf, **um** den ersten Zug **zu erreichen**. 3: 5 / 4: 1

Der *to*-Infinitiv kann zur Angabe eines **Zwecks** oder einer **Absicht** verwendet werden (Deutsch: „um zu"). (Die Form *in order to* ist etwas förmlicher als *to*, bedeutet aber dasselbe.)

It's **too cold** to go swimming today.
Es ist zu kalt heute, **um** schwimmen **zu gehen**.
You're **not strong enough** to beat me.
Du bist nicht stark genug, **um** mich **zu besiegen**. 4: 1

Nach *too* + **Adjektiv** und nach **Adjektiv** + *enough* drückt der *to*-Infinitiv die **Folge** eines Zustands, einer Eigenschaft oder einer Tätigkeit aus.

71 Der *to*-Infinitiv nach bestimmten Verben + Objekt (The *to*-infinitive after certain verbs + object)

	Verb	Object	*to*-infinitive	
I	**helped**	**Dad**	to clean	the kitchen.
Who	**taught**	**you**	to play	the guitar?
Our teacher	**asked**	**us**	to be	ready at 4 o'clock.

Ich habe Vater geholfen, die Küche sauber zu machen.
Wer hat dir beigebracht, Gitarre zu spielen?
Unsere Lehrerin bat uns, um 4 Uhr fertig zu sein.

Nach manchen Verben kann ein **Objekt** + ***to*-Infinitiv** stehen. Zu diesen Verben gehören *ask, help, invite, teach.*
Im Deutschen steht meist ein Infinitiv mit „zu".

K I **expect you** to be home by 10 o'clock.
Ich erwarte, dass du bis 10 Uhr zu Hause bist.
Our teacher **told us** to meet in the car park.
Unsere Lehrerin sagte, dass wir uns auf dem Parkplatz treffen sollten.
Do you **want me** to clean the board?
Möchten Sie, dass ich die Tafel wische? / Soll ich die Tafel wischen?

Lucy **wants Jack/me/him/her/us/them to help** her.
Lucy möchte, dass **Jack/ich/er/sie/wir/sie** … 3: 6 / 4: 1

Auch nach *cause, expect, tell, want, would like, would love* kann ein **Objekt** + ***to*-Infinitiv** stehen. Nach den entsprechenden deutschen Verben steht jedoch ein Nebensatz mit „dass".
⚠ Nie: *Do you ~~want that I~~ …?*

Personalpronomen stehen in der Objektform.

72 Der *to*-Infinitiv nach Fragewörtern (The *to*-infinitive after question words)

Der *to*-Infinitiv kann nach Fragewörtern *(how, what, where, when, which, who)* sowie nach *whether* („ob") stehen. Er entspricht einem Nebensatz mit modalem Hilfsverb.

I just didn't know | **what** to say. / **what I should say.**

Ich wusste einfach nicht, was ich sagen sollte.

Can you tell me | **how** to get to Ashton? / **how I can get** to Ashton?

Können Sie mir sagen, wie ich nach Ashton komme?

We have no idea | **which way** to go. / **which way we must go.**

Wir wissen überhaupt nicht, welchen Weg wir gehen müssen.

3: 5 / 4: 1

73 Der *to*-Infinitiv anstelle eines Relativsatzes (The *to*-infinitive instead of a relative clause)

Der *to*-Infinitiv kann einem Relativsatz entsprechen, und zwar

- nach Nomen sowie nach *something, nothing, anybody, a lot* usw.

Ireland is **a place** | to visit in May. / **that you must/should visit** in May.

…, den man im Mai besuchen sollte.

I don't know **anybody** | to talk to. / **who I could/might talk** to.

…, mit dem ich reden könnte.

My grandpa is **the man** | to help you! / **who can/could/will help** you!

…, der dir helfen kann/könnte/wird.

3: 5 / 4: 1

- nach *the first, the last, the next, the only* sowie nach Superlativen.

My sister was **the first (one)** | to visit me in hospital. / **who visited** me in hospital.

Meine Schwester war die Erste, die mich im Krankenhaus besucht hat. / Meine Schwester hat mich als Erste im Krankenhaus besucht.

The captain is **the last (one)** | to leave the ship. / **who leaves** the ship.

Der Kapitän verlässt als Letzter das Schiff.

Lucy was **the youngest kid** | to take part in the race. / **who took part** in the race.

Lucy war die jüngste Teilnehmerin am Rennen.

⚠ Nach *the only* muss immer ein Nomen oder *one/ones* stehen.

You were **the only person/one** | not to cry. / **who didn't cry.**

Du warst der Einzige, der nicht geweint hat.

3: 5 / 4: 1

Das Gerundium (The gerund)

74 Bildung (Form)

Infinitive	-ing form/Gerund		Example:
(to) **read**	reading		Reading is fun.
		Vergleiche:	**Football** is fun.
(to) **smoke**	smoking		Stop smoking now!
		Vergleiche:	Stop **pollution** now!
(to) **swim**	swimming		I love swimming.
(to) **be**	being		Being rich is great.

Wie du weißt, kann man von jedem Vollverb eine *-ing*-Form bilden. Wenn die *-ing*-Form im Satz die Funktion eines Nomens hat, nennt man sie **Gerundium *(gerund)***.

Reading **comics** is fun.
Comics zu lesen / Das Lesen von Comics macht Spaß.

I enjoy reading **in bed**.
Ich habe Spaß daran, im Bett zu lesen. / Ich lese gern im Bett. 4:5

Wie ein Verb kann das Gerundium **erweitert** werden, und zwar durch
- ein **Objekt** *(comics)*
- eine **Zeit- oder Ortsangabe** *(in bed)*.

75 Das Gerundium als Subjekt (The gerund as subject)

Subject	
Smoking	is bad for you.
Swimming in the sea	can be dangerous.

Das Schwimmen im Meer… / Im Meer zu schwimmen … 4:5

Das Gerundium kann **Subjekt** eines Satzes sein. Im Deutschen wird es oft durch einen Infinitiv oder ein Nomen wiedergegeben.

76 Das Gerundium als Objekt (The gerund as object)

	Object	
My father **stopped**	smoking	years ago.
I **gave up**	eating meat	last year.
Have you **finished**	tidying up your room?	
Can you **imagine**	not living in London?	

Mein Vater hat … aufgehört zu rauchen / mit dem Rauchen aufgehört.
Ich habe … aufgehört, Fleisch zu essen / das Fleischessen aufgegeben.
Hast du … fertig aufgeräumt? / Bist du mit dem Aufräumen … fertig?
Kannst du dir vorstellen, nicht in London zu leben?

Nach einer Reihe von Verben steht das Gerundium als **Objekt**.
Zu diesen Verben gehören z.B. *avoid* („vermeiden"), *enjoy, finish/stop, give up, go on, imagine, mention, miss, practise, risk* („riskieren"), *suggest*.
⚠ Anders als im Deutschen darf nach diesen Verben **kein Infinitiv** stehen!
Also nie: *I ~~enjoy/gave up to eat~~ …* .

⚠

I **began/started**	learning / to learn	English in the fifth class.
I **like/love**	riding / to ride	my bike in the rain.

Nach den Verben *begin/start, continue, hate, like/love, prefer* kann – bei gleicher Bedeutung – ein **Gerundium oder ein *to*-Infinitiv** stehen.

Would you **like** to come? – Yes, I'**d love** to (come).
I **would hate** to go out in this rain. I'**d prefer** to stay at home. 4:5

Beachte aber, dass nach *would like / would love / would hate / would prefer* in der Regel der Infinitiv steht.

77 Das Gerundium nach Präpositionen (The gerund after prepositions)

Verben, die auf eine Präposition folgen, müssen als Gerundium stehen. Die Präposition kann verbunden sein

- **Adjective + preposition + gerund**

I'm **fed up with** eating fast food.
Ich habe es satt, Fast Food zu essen.
Are you **interested in** buying my computer?
Hast du Interesse, meinen Computer zu kaufen?
Glen is **good at** telling stories.
Glen kann gut Geschichten erzählen / ist gut im Geschichtenerzählen.

- mit einem **Adjektiv**

She's good at dancing.

- **Noun + preposition + gerund**

The boat was in **danger of** sinking.
Das Boot war in Gefahr zu sinken.
We had no **chance of** catching the train.
Wir hatten keine Chance, den Zug zu erreichen.
Is that a **reason for** not going to school?
Ist das ein Grund, nicht zur Schule zu gehen?

- mit einem **Nomen**

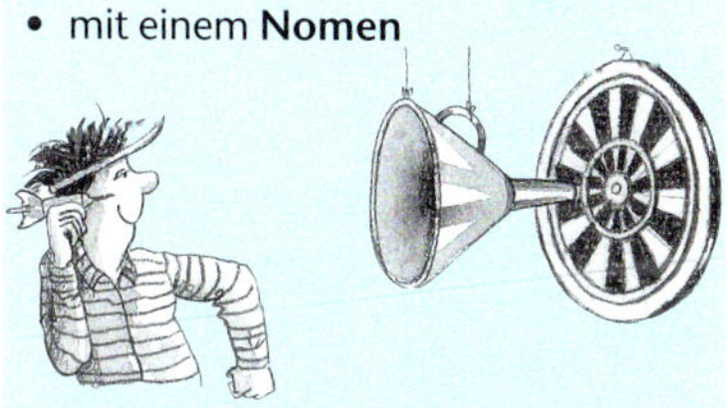

That's a funny way of playing darts.

- **Verb + preposition + gerund**

We **decided against** moving to Germany.
Wir entschieden uns dagegen, nach Deutschland zu ziehen / gegen einen Umzug nach Deutschland.
I'**ve** always **dreamed of** being famous.
Ich habe immer davon geträumt, berühmt zu sein.
We'**re looking forward to** hearing from you.
Wir freuen uns darauf, von Ihnen zu hören.

4:5

- mit einem **Verb**.

He believes in saving energy.
(Er glaubt ans Energiesparen.)

After working in the garden all morning, I was tired.
Nachdem ich den ganzen Morgen im Garten **gearbeitet hatte**, ...
My brother caused an accident **by** driving too fast.
..., **indem er** zu schnell **fuhr**. / ..., **dadurch dass er** zu schnell **fuhr**. / ..., **durch** zu schnelles **Fahren**.
We decided to take a taxi **instead of** walking.
... **(an)statt zu Fuß zu gehen**.
On hearing the news, Luke started to cry.
Als/Sobald er die Nachricht **hörte**, ...
The girl left the shop **without** paying.
..., **ohne zu bezahlen**.

4:5

Das Gerundium folgt auch auf allein stehende Präpositionen, z.B. *after, before, by, for, instead of, on, without.* Im Deutschen werden meist Nebensätze mit „nachdem", „dadurch dass", „(an)statt zu", „indem", „ohne zu" verwendet, manchmal auch eine Verbindung aus Präposition + Nomen.

Nach einer Präposition steht ein Verb immer als Gerundium.

Das Nomen (The noun)

Der Plural der Nomen (The plural of nouns)

78 Regelmäßige Pluralbildung (Regular plurals)

Singular	Plural	
one shirt	two shirts	[-s]
dog	dogs	[-z]
tree	trees	[-z]
bus [-s]	buses	[-ɪz]
beach [-ʃ]	beaches	[-ɪz]

Du bildest den Plural eines Nomens, indem du ein *-s* an den Singular anhängst.

Nach einem Zischlaut wie [-s], [-z] oder [-ʃ] ist die Pluralendung *-es*.

79 Unregelmäßige Pluralbildung (Irregular plurals)

Singular	Plural
1. one half [-f]	two halves [-vz]
leaf	leaves
scarf	scarves
shelf	shelves
thief	thieves
wolf	wolves
knife	knives
life	lives
wife	wives
2. one hero	two heroes
potato	potatoes
tomato	tomatoes
tornado	tornadoes
3. one child	two children
man [mæn]	men [men]
woman ['wʊmən]	women ['wɪmɪn]
foot	feet
tooth	teeth
mouse	mice
penny	pence/pennies
4. one dice	two dice
fish	fish
grapefruit	grapefruit
sheep	sheep

Nomen auf *-f* oder *-fe* bilden den Plural meist auf *-ves*.

Einige wenige Nomen auf *-o* bilden den Plural auf *-oes*.
Aber: *biros, discos, kilos, photos, pianos, radios, studios, videos*

Einige Nomen haben eine **besondere Pluralform** ohne *-s*.

⚠ *penny* hat zwei Pluralformen:
ten pence (10p): eine Summe
ten pennies: 10 Einpennymünzen

Einige Nomen haben im Singular und Plural dieselbe Form.

one sheep – two sheep – three sheep

Nomen, die nur im Plural stehen (Plural nouns)

80 „Paarwörter" (Pair nouns)

These trousers **are** nice. Where did you buy **them**?
Diese Hose **ist** hübsch. Wo hast du **sie** gekauft?
⚠ *Nie:* ~~This trousers is~~ … . Where did you buy ~~it~~?

I need **some** new trousers.
Ich brauche **eine** neue Hose.
I can't find my scissors. Do you know where **they are**?
Ich kann meine Schere nicht finden. Weißt du, wo **sie ist**?

I bought **a** new **pair of** jeans yesterday. — **eine** neue Jeans
Why do you need **two pairs of** scissors? — **zwei** Scheren

Eine Hose besteht aus zwei gleichen Teilen (den zwei Hosenbeinen). Das englische Wort ***trousers*** wird daher **immer im Plural** gebraucht – es hat keinen Singular und steht nie mit dem unbestimmten Artikel *a* oder mit *one/two/three/…* . Zugehörige Verben, Begleiter und Pronomen stehen immer im Plural.
Nomen wie *trousers* nennt man ***pair nouns*** **(„Paarwörter")**. Andere *pair nouns* sind z.B. *jeans, swimming-trunks, shorts, scissors* („Schere").
Wenn du eine bestimmte Anzahl nennen möchtest, musst du ***a pair of … / two pairs of …*** verwenden.

81

These stairs **aren't** very safe.
Diese Treppe **ist** / **Diese** Treppen **sind** nicht sehr sicher.
Clothes **are** quite expensive here. — Kleidung **ist** …
⚠ Where **are** the police? — Wo **ist** die Polizei?

Außer Paarwörtern werden auch einige andere englische Nomen **nur im Plural** verwendet. Dazu gehören *stairs* und *clothes* sowie *police* (obwohl es kein Plural-*s* hat).

82 Nicht zählbare Nomen (Uncountable nouns)

I'm thirsty. – There's some milk in the fridge.
The garden is very dry. It needs some water.
Do you like music?
Could we have more time for the test, please?

Two litres of **milk** and a pound of **butter**, please.
Could I have a glass of **water**, please?
This is my favourite piece of **music** by Mozart.

Nomen wie *milk, water, butter, music, time* bezeichnen etwas, was man nicht zählen kann. **Nicht zählbare Nomen** haben **keinen Plural** und stehen nie mit *a/an* oder *one/two/three/…* .
Wenn du bestimmte Mengen nennen möchtest, musst du Wendungen wie ***two litres of … / a glass of … / a kilo of … / a piece of …*** verwenden.

K **This** new furniture **is** very nice. Was **it** expensive?
Diese neuen Möbel **sind** sehr hübsch. Waren **sie** teuer?
I think your hair **is** too long. Why don't you cut **it**?
…, deine Haare **sind** zu lang. Warum schneidest du **sie** nicht?
I need **some** information on the Globe Theatre.
That's too **much** homework.

OK, **that's** the bad news. And what **is** the good news?
OK, **das ist/sind** die schlechte(n) Nachricht(en). Und was **ist/sind** die gute(n) Nachricht(en)?
The USA **is** a very big country.
Die USA **sind** ein sehr großes Land.

Beachte, dass die Nomen ***furniture, hair, homework, information*** **nicht zählbar** sind: Das zugehörige Verb sowie zugehörige Begleiter und Pronomen stehen **immer im Singular**.

⚠ Auch ***news*** ist ein nicht zählbares Nomen, obwohl es auf *-s* endet.
⚠ Auch ***USA*** steht mit einem Verb im Singular, obwohl es sich um eine Pluralform handelt *(United States of America)*.

▶ Mengenangaben bei zählbaren und nicht zählbaren Nomen: 95

83 *s*-Genitiv und *of*-Fügung (*s*-genitive and *of*-phrase)

s-genitive	*of*-phrase
Can you tell me **the woman's** name? ... den Namen **der Frau**	Can you tell me the name **of the street**? ... den Namen **der Straße**
Green is **my brother's** favourite colour. ... die Lieblingsfarbe **meines Bruders**	Do you like the colour **of my room**? ... die Farbe **meines Zimmers**

- *s*-Genitiv für Personen
- *of*-Fügung für Sachen

◀ IM ÜBERBLICK

Singular:	+ *'s*	→	the girl's teacher
Plural auf -(*e*)*s*:	+ *'*	→	the girls' teacher
Plural <u>nicht</u> auf -(*e*)*s*:	+ *'s*	→	the children's teacher

the girl's teacher

the girls' teacher

K Is this **Glen and Amy's** room?
Ist das **Glens und Amys** Zimmer?

Wenn etwas zwei Personen gleichzeitig gehört, wird – anders als im Deutschen – nur einmal *'s* angehängt.

84 *a friend of my mother's / a neighbour of ours*

Mrs Waller is **a friend of my mother's.**
(= Mrs Waller is one of my mother's friends.)
Mrs Waller ist eine Freundin meiner Mutter. (Das heißt, meine Mutter hat mehrere Freundinnen – Mrs Waller ist eine von ihnen.)
The Howards are **neighbours of Mr White's.**
Die Howards sind Nachbarn von Mr White.
Rachel is **a cousin of mine**. Yesterday I met **some friends of hers**. (= I met some of her friends.)
Rachel ist eine Cousine von mir/eine meiner Cousinen. Gestern traf ich einige ihrer Freundinnen/einige Freundinnen von ihr.

Mit Wendungen wie *a friend of my mother's, a neighbour of Mr White's, a cousin of mine* drückt man aus, dass es sich um **einen von mehreren** Freunden, Nachbarn, Cousins bzw. eine von mehreren Freundinnen, Nachbarinnen, Cousinen handelt.

⚠ Beachte, dass in solchen Wendungen das **Possessivpronomen** benutzt wird:
*a neighbour of **mine**/of **yours**/of **hers**/of **ours**/of **theirs***
Nie: *a neighbour ~~of me/you/us/~~...*

▶ Possessivpronomen: 94

Sue is **a friend of Rachel's.**
... eine von Rachels Freundinnen.

Sita is **Rachel's friend.**
... Rachels (beste) Freundin.

4:2

85 Der *s*-Genitiv in Zeitangaben (The *s*-genitive in time phrases)

Zeitangaben vor einem Nomen stehen in der Regel im *s*-Genitiv.

Last week's **football match** was great, wasn't it?
Das Fußballspiel (in) der letzten Woche …
There was a funny story in yesterday's **paper**.
… in der gestrigen Zeitung / in der Zeitung von gestern.
I get five weeks' **holiday** a year.
… fünf Wochen Urlaub im Jahr.

Und nun das morgige Wetter / das Wetter von morgen.

86 *of* in Mengen- und in Ortsangaben (*of* in phrases of quantity and of place)

Die *of*-Fügung wird bei Maß- und Mengenangaben *(kilo/metre/… of)* und bei Behältnissen *(bottle/can/packet/… of)* verwendet.

two **kilos** of potatoes	zwei Kilo Kartoffeln
ten **metres** of rope	zehn Meter Seil
a **litre** of cola	ein Liter Cola
a **bottle** of milk	eine Flasche Milch
a **glass** of water	ein Glas Wasser
a **can** of lemonade	eine Dose Limonade
two **tins/cans** of tomatoes	zwei Dosen Tomaten
a **jar** of honey	ein Glas Honig
a **packet** of crisps	eine Packung Chips
two **cartons** of juice	zwei Packungen Saft
a **box** of chocolates	eine Schachtel Pralinen
a **piece** of wood	ein Stück Holz

▶ *a pair of …*: 80

Die *of*-Fügung steht in Ortsangaben wie *the city of…, the town of… .*

the **city** of Glasgow	die Stadt Glasgow
the **town** of Doncaster	die Stadt Doncaster
the **Isle** of Skye	die Insel Skye

3: 1 (S. 147)

87 Das Stützwort *one/ones* (The prop word *one/ones*)

Wenn man ein schon genanntes (zählbares) Nomen näher bestimmen, aber nicht wiederholen will, muss man das Stützwort *one* (Singular) bzw. *ones* (Plural) verwenden.

one/ones werden „Stützwörter" genannt, weil – im Gegensatz zum Deutschen – Adjektive und der bestimmte Artikel ohne diese „Stützen" nicht allein stehen können.

I've got three **cats**, **two white** ones and **a black** one.
Ich habe drei **Katzen**, **zwei weiße** und **eine schwarze**.
⚠ *Nie:* … three cats, ~~two whites and a black~~.

This **CD shop** isn't as good as **the** one in Ashton.
Dieser **CD-Laden** ist nicht so gut wie **der** in Ashton.

Can you give me **a pen**, please? –
Of course. **Which** one would you like?
… **Welchen** möchtest du?

3: 3

Begleiter und Pronomen (Determiners and pronouns)

88 Übersicht (Overview)

- **Begleiter** gehören zu einem Nomen und gehen ihm voran.
- **Pronomen** (Fürwörter) stehen für ein Nomen.

◀ **IM ÜBERBLICK**

Artikel *(Articles)* ▶ 89–91	the, a/an
Personalpronomen *(Personal pronouns)*	I, you, he, she, it, we, they me, you, him, her, it, us, them ▶ Das deutsche Pronomen „man": 92
Possessivbegleiter *(Possessive determiners)* ▶ 93	my, your, his, her, its, our, your, their
Possessivpronomen *(Possessive pronouns)* ▶ 94	mine, yours, his, hers, ours, yours, theirs
Demonstrativbegleiter/ -pronomen *(Demonstrative determiners/pronouns)*	this, that, these, those
Mengenangaben *(Quantifiers)* ▶ 95–100	a lot (of), much, many, a few, a little, some, any, every, …
Reflexivpronomen *(Reflexive pronouns)* ▶ 101–104	myself, yourself, himself, herself, itself, ourselves, yourselves, themselves
Relativpronomen *(Relative pronouns)* ▶ 127	who, which, that, whose

89 Die Artikel (The articles)

Der **bestimmte Artikel** *(definite article)* ist ***the***.
Der ***unbestimmte Artikel*** *(indefinite article)* ist ***a*** oder ***an***.

bestimmer Artikel: the		**unbestimmter Artikel:** a oder an	
the [ðə]	**man** **book** **house** **French** book **uniform**	a	**man** **book** **house** **French** book **uniform**
the [ði]	uncle aunt accident English book hour	an	uncle aunt accident English book hour

- ***the*** wird **[ðə]** ausgesprochen und als unbestimmter Artikel steht ***a***, wenn das Nomen (oder Adjektiv) am Anfang mit einem **Konsonanten** gesprochen wird.
- ***the*** wird **[ði]** ausgesprochen und als unbestimmter Artikel steht ***an***, wenn das Nomen (oder Adjektiv) am Anfang mit einem **Vokal** gesprochen wird.

90 Der bestimmte Artikel – Besonderheiten

all the fruit – das ganze Obst
both (the) CDs – beide CDs
half the time – die Hälfte der Zeit
most of the girls – die meisten Mädchen

- Bei ***all, both, half*** und ***most of*** wird der bestimmte Artikel **nachgestellt**.

All/Most babies cry.
All (of) the **babies** / **Most of** the **babies** | **in the room** were crying.

- Bei ***all*** und ***most*** wird der bestimmte Artikel nur dann benutzt, wenn das **Nomen näher bestimmt** ist.

91 Der unbestimmte Artikel – Besonderheiten

- Anders als im Deutschen steht der unbestimmte Artikel

My mum is a **teacher** and my dad works as a **shop assistant**.
Meine Mutter ist Lehrerin und mein Vater arbeitet als Verkäufer.

– vor **Berufsangaben**,

After 24 years in the USA, Stephen decided to become an **American**.
... beschloss Stephen, Amerikaner zu werden.

– vor **Nationalitätsangaben**,

Harry tried to use his shoe **as** a **hammer**.
Harry versuchte, seinen Schuh als Hammer zu benutzen.

– nach *as* (= „als").

We sell about 20 cars a **week**.
... pro Woche / in der Woche / die Woche.

Our car does 130 miles an **hour**.
... pro Stunde / in der Stunde / die Stunde.

Potatoes are £1 a **kilo**.
... das Kilo / pro Kilo / je Kilo.

3:6

- Der unbestimmte Artikel steht in der Bedeutung **„pro"**, **„je"** vor **Zeitangaben** *(a week, an hour, ...)* sowie vor **Maß- und Mengenangaben** *(a pound, a kilo, ...)*.

half an apple – ein halber Apfel
quite an interesting match – ein ziemlich interessantes Spiel
What a big cat! – Was für eine große Katze!

- Bei ***half, quite*** und ***what*** wird der unbestimmte Artikel **nachgestellt**.

92 Das deutsche Pronomen „man"

K German 'man'

You should brush **your** teeth regularly.
One should brush **one's** teeth regularly.
Man (= Jeder) sollte **seine** Zähne regelmäßig putzen.

- Für **„man"** = **„jeder"** werden *you* und *one* verwendet. (*one* wird hauptsächlich in formellem Englisch benutzt. Umgangssprachlich ist *you* häufiger.)

They say London is exciting.
People say London is exciting.
Man sagt (**= Die Leute** sagen), London sei aufregend.

- Für **„man"** = **„die Leute"** werden *they* und *people* benutzt.

This colour **isn't worn** any more. *(passive)*
Diese Farbe **trägt man** nicht mehr.

- Ein deutscher **Aktivsatz mit „man"** wird im Englischen oft durch einen **Passivsatz** wiedergegeben.

3:5 (S. 164)

93 Possessivbegleiter (Possessive determiners)*

I'm Kate. And this is **my** brother Alan.	mein/e
You're nice. And **your** sister is nice, too.	dein/e
He's my friend. **His** name is Mike.	sein/e
Mrs Carr is a teacher. I'm in **her** class.	ihr/e
It's a rabbit. **Its** name is Peter.	sein/e, ihr/e
We're in Class 7CH. **Our** teacher is nice.	unser/e
You're in Class 7SB. **Your** teacher is Mr Ball.	euer/eure
They're twins. **Their** name is Stubbs.	ihr/e

* *my, your, his, her, its, our, their* werden manchmal auch **adjektivisch gebrauchte Possessivpronomen *(possessive adjectives)*** genannt. Da sie aber nicht **für** ein Nomen stehen, werden sie hier als **Possessivbegleiter *(possessive determiners)*** bezeichnet.

Die **Possessivbegleiter*** ***my, your, his, her, …*** drücken Besitz oder Zugehörigkeit aus. Sie stehen **vor einem Nomen**.

94 Possessivpronomen (Possessive pronouns)

This isn't my pencil. **Mine** is green.	meine/r, meins
My pen doesn't write. Can I use **yours**?	deine/r, deins
Where are Ron's shoes? Those aren't **his**.	seine/r, seins
That isn't Kate's book. **Hers** is in the bag.	ihre/r, ihrs
Your dog is black, **ours** is brown.	unsere/r, unseres
Those aren't your CDs. **Yours** are here.	eure/r, euers
This isn't the Shaws' car. **Theirs** is bigger.	ihre/r, ihrs

Die **Possessivpronomen** ***mine, yours, his, hers, …*** drücken Besitz oder Zugehörigkeit aus. Sie stehen **allein, ohne Nomen**. Man verwendet sie, wenn man ein schon genanntes Nomen nicht wiederholen will: In den Beispielen steht *mine* für *my pencil*, *yours* für *your pen*, *his* für *his shoes* usw.

◄ **IM ÜBERBLICK**

Possessivbegleiter (+ Nomen)	**Possessivpronomen** (ohne Nomen)
It's **my** computer.	It's **mine**.
It's **your** computer.	It's **yours**.
It's **his** computer.	It's **his**.
It's **her** computer.	It's **hers**.
It's **our** computer.	It's **ours**.
It's **your** computer.	It's **yours**.
It's **their** computer.	It's **theirs**.

my, your, his, her **usw. stehen immer vor einem Nomen.**

mine, yours, his, hers **usw. stehen allein, für ein Nomen.**

► *a friend of mine / a neighbour of ours*: 84   **4: 2**

Mengenangaben (Quantifiers)

95 Mengenangaben mit zählbaren und nicht zählbaren Nomen (Quantifiers with countable and uncountable nouns)

Wenn du über bestimmte Mengen reden willst, ist es oft wichtig, ob es sich um **zählbare oder nicht zählbare Nomen** handelt:

Zählbare Nomen

one boy – two boys
one apple – two apples
one idea – two ideas
one CD – two CDs

- *boy, apple, idea, CD* sind **zählbare Nomen**: Sie bezeichnen etwas, was man zählen kann, und kommen im Singular und im Plural vor *(one apple – two apples)*.

Nicht zählbare Nomen

time
milk
music
homework

- *time, milk, music, homework* sind **nicht zählbare Nomen**: Sie bezeichnen etwas, was man nicht zählen kann, haben **keinen Plural** und können nicht mit *a/an* oder *one/two/...* verwendet werden.

▶ Nicht zählbare Nomen: 82

Mengenangaben

mit zählbaren Nomen (with countable nouns)	**mit nicht zählbaren Nomen** (with uncountable nouns)
I've got some **ideas**. ... **einige/ein paar** Ideen.	I've got some **time**. ... **etwas** Zeit.
There aren't any **apples**. ... **keine** Äpfel (mehr).	There isn't any **milk**. ... **keine** Milch (mehr).
We've got a lot of/lots of **CDs**. ... **viele** CDs.	We've got a lot of/lots of **tea**. ... **viel** Tee.
There are no **crisps**. ... **keine** Chips.	There's no **homework** today. ... **keine** Hausaufgaben.
How many **CDs** have you got? – Not many. Only a few. Wie **viele** CDs hast du? – Nicht **viele**. Nur **ein paar**.	How much **time** have you got? – Not very much. Only a little. Wie **viel** Zeit hast du? – Nicht **viel**. Nur **ein bisschen**.

Die Mengenangaben ***some*** und ***any***, ***a lot of/lots of*** sowie ***no*** werden sowohl
- **mit dem Plural von zählbaren Nomen** als auch
- **mit nicht zählbaren Nomen**

verwendet.

- ***many*** („viele") und ***a few*** („ein paar", „einige", „einige wenige") werden **nur mit dem Plural von zählbaren Nomen** verwendet.
- ***much*** („viel") und ***a little*** („ein bisschen", „(ein) wenig") werden **nur mit nicht zählbaren Nomen** verwendet.

▶ *some* und *any*: 96, 97 3: 2

zählbar

How **many** cakes?

a lot of / lots of — **not many** / **a few**

nicht zählbar

How **much** water?

a lot of / lots of — **not much** / **a little**

◀ IM ÜBERBLICK

96 *some* und *any* und ihre Zusammensetzungen (*some* and *any* and their compounds)

There are some [səm] **cakes** in the kitchen.	There's some [səm] **tea** in the kitchen.
You can have some [sʌm] if you want.	You can have some [sʌm] if you want.
– Thanks, but I do**n't** want any (cakes).	– Thanks, but I do**n't** want any (tea).
Are there any **biscuits?**	Is there any **coffee?**
Gibt es (noch) Kekse?	Gibt es (noch) Kaffee?

▶ *any* = jeder (beliebige): 99

- ***some*** („einige/ein paar"; „etwas/ein bisschen") verwendet man vor allem in **bejahten Aussagesätzen**.
- ***any*** steht vor allem in **verneinten Aussagesätzen** und in **Fragen**. (*any* in Fragen hat oft keine Entsprechung im Deutschen.)

Can you see anybody**?** — (irgend)jemand
– No, I ca**n't** see anyone, but I'm sure someone was here a minute ago. — niemand / jemand

Auch für Zusammensetzungen gilt:
- Zusammensetzungen mit ***some*** vor allem in **bejahten Aussagesätzen**
- Zusammensetzungen mit ***any*** vor allem in **verneinten Aussagesätzen** und in **Fragen**.

97 *some* in Angeboten und Bitten (*some* in offers and requests)

Wenn man **mit einer Frage etwas anbietet oder um etwas bittet**, verwendet man ***some, something*** usw. – nicht *any, anything* usw.

98 „jede, jeder, jedes": *everybody – every ... – each ...*

Everyone / Everybody | likes watching films.	jede, jeder; alle (ohne Ausnahme)
Every **child** likes watching films.	jedes Kind (= alle Kinder, Kinder im Allgemeinen)

Am häufigsten werden ***everybody/everyone*** und ***every ...*** bzw. ***each ...*** für das deutsche „jede(r, s)" verwendet.

Every / Each **child** got a free ticket for the cinema.	jedes Kind (aus einer bestimmten Gruppe)

every und ***each*** sind oft austauschbar, der Bedeutungsunterschied ist gering: ***each*** wird vorgezogen, wenn man nicht so sehr an die Gruppe als Ganzes denkt, sondern eher an **jedes einzelne** Mitglied, wenn man also jedes Kind für sich betrachtet.

Each of the children wanted to watch a different film.
Jedes Kind / Jedes von den Kindern wollte einen anderen Film sehen.

The children each | wanted to watch a different film.
They each |
Die Kinder / Sie wollten alle einen anderen Film sehen.

Im Gegensatz zu *every*
- kann ***each*** vor einer *of-phrase* stehen
- kann ***each*** sich auf ein vorausgehendes Nomen oder Pronomen beziehen.

99 „jede, jeder, jedes beliebige ...": *any – anybody*

Für „jeder" = „jeder x-beliebige ...", „irgendeiner" werden ***any, anybody*** usw. verwendet:

The cinema is empty. You can have **any seat** you like.
... Du kannst sitzen, wo du willst. (Du kannst jeden Platz haben, den du möchtest.)
You can go to **any of these cinemas**. They're all showing the same film.
... in jedes dieser Kinos / in irgendeins von diesen Kinos ...

- ***any*** = „jede(r, s) x-beliebige ...", „irgendein(e) beliebige(r, s) ..."

Anyone | will be able to tell you where the cinema is.
Anybody |
Jeder (x-Beliebige) / Jede beliebige Person ...

- ***anyone/anybody*** = „jede(r) x-Beliebige", „jede beliebige Person"

You can have **anything** you like for Christmas.
... (alles), was du willst ...

- ***anything*** = „alles", „irgendetwas"

3:2 (S. 151)
▶ *some* und *any*: 96, 97

100 „kein", „keine(r, s)": *no one/nobody – none of – no ...*

No one | really liked the film. — niemand, keiner
Nobody |

⚠ *no one* = zwei Wörter
nobody = ein Wort

None of the children | liked the film. — keine(r, s) von
None of them |

Where's the **milk**? – There is **none**. — keins, keine, keinen
(= There is no milk.)

none kann auch allein, ohne *of*-Fügung, stehen. Es bezieht sich dann auf ein vorausgehendes Nomen.

They had **no popcorn** that day. — kein(e) *(+ Nomen)*

Reflexivpronomen (Reflexive pronouns)

101 Formen (Forms)

Singular				Plural			
myself	[-'self]	(ich)	mir/mich	ourselves	[-'selvz]	(wir)	uns
yourself		(du)	dir/dich	yourselves		(ihr)	euch
himself		(er)	sich	themselves		(sie)	sich
herself		(sie)	sich				
itself		(es)	sich				
oneself		(man)	sich				

102 Gebrauch (Use)

I'm teaching **myself** Spanish.
Ich bringe **mir** Spanisch bei.

Be careful or **you**'ll hurt **yourself**.
Sei vorsichtig oder du wirst **dich** verletzen.

Daniel often talks to **himself**.
Daniel redet oft mit **sich selbst**.

Glen and Amy can look after **themselves**.
Glen und Amy können auf **sich (selbst)** aufpassen.

Das **Reflexivpronomen** *(myself; themselves)* **bezieht sich auf das Subjekt** des Satzes *(I; Glen and Amy)*, es ist **rückbezüglich** (= reflexiv). Es bezeichnet dieselbe Person (oder Sache) wie das Subjekt.

Ich bringe **mir** Spanisch bei.
Reflexivpronomen

Conchita bringt **mir** Spanisch bei.
Personalpronomen

⚠ Verwechsle nicht Reflexiv- und Personalpronomen!

The drinks are on the table – just **help yourself**.
... – bedien dich einfach.
Did you **enjoy yourselves** at the party?
Habt ihr euch auf der Party gut amüsiert?

Merke dir die Wendungen:
Help yourself. = „Greif zu!", „Bedien dich!"
Enjoy yourself. = „Viel Spaß!", „Amüsier dich gut!"

3:6

K Jake **felt** great after he had passed the test.
Jake **fühlte sich** großartig, nachdem er den Test bestanden hatte.
Do you **remember** our holiday in Spain?
Erinnerst du **dich** an unseren Urlaub in Spanien?

Es gibt eine Reihe von Verben, die im Deutschen reflexiv sind, im Englischen jedoch nicht.

(to) **argue**	sich streiten	(to) **meet**	sich treffen (mit)
(to) **borrow** sth.	sich etwas (aus)leihen	(to) **move**	sich bewegen
(to) **change**	sich (ver)ändern; sich umziehen	(to) **open**	sich öffnen
		(to) **prepare**	sich vorbereiten
(to) **complain**	sich beschweren	(to) **refer to**	sich beziehen auf
(to) **decide**	sich entscheiden	(to) **relax**	sich entspannen
(to) **feel**	sich fühlen	(to) **remember**	sich erinnern (an)
(to) **hide**	sich verstecken	(to) **sit down**	sich (hin)setzen
(to) **hurry**	sich beeilen	(to) **turn**	sich umdrehen
(to) **imagine** sth.	sich etwas vorstellen	(to) **watch** sth.	sich etwas ansehen
(to) **listen to** sth.	sich etwas anhören	(to) **wonder**	sich fragen
(to) **look forward to**	sich freuen auf	(to) **worry**	sich Sorgen machen

I**'ve bought (myself)** a new bike.
Ich **habe mir** ein neues Fahrrad **gekauft**.

(to) buy kann mit Reflexivpronomen verwendet werden. Häufiger steht es jedoch ohne.

3:6

103 Reflexivpronomen oder *each other* / *one another*?

They are laughing at **themselves**.
Sie lachen über **sich**.
(= über sich selbst)

They are laughing at **each other** / at **one another**.
Sie lachen über **sich**.
(= über einander, über sich gegenseitig)

3:6

-self / -selves = sich selbst

each other / one another = einander, sich gegenseitig

104 *myself, yourself* usw. als verstärkende Pronomen (*myself, yourself* etc. as emphasizing pronouns)

I didn't like the hotel. The **room itself** was OK, but the meals were horrible. Das **Zimmer selbst** war OK, …
We weren't allowed to talk to the **manager herself**.
Wir konnten nicht mit der **Geschäftsführerin selbst** sprechen.

No, don't phone her. **I**'m going to talk to her **myself**.
… **Ich** werde **selbst** mit ihr reden.

3:6

Die Pronomen auf *-self/-selves* werden auch verwendet, um ein Nomen oder Pronomen **hervorzuheben** (zu „verstärken"). Im Deutschen steht „selbst" oder „selber".

Wenn das Subjekt des Satzes hervorgehoben werden soll, rückt das verstärkende Pronomen oft an das Satzende.

Adjektiv und Adverb (Adjective and adverb)

Das Adjektiv (The adjective)

105 Gebrauch (Use)

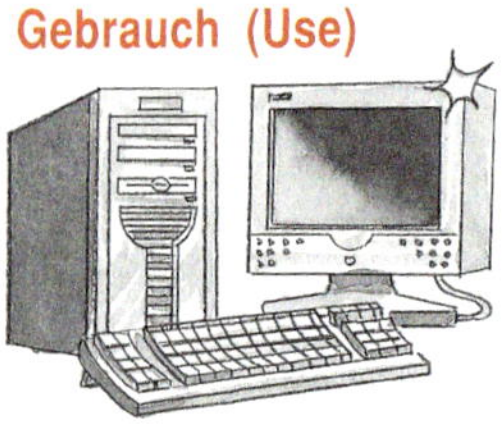

Mike's **computer** is new.

Lisa will get a new **computer** for her birthday.

4: 5

Adjektive werden verwendet, um **Eigenschaften** oder Merkmale einer Person oder Sache zu beschreiben.

106 Steigerung (Comparison)

	Comparative	Superlative
• clean	cleaner	cleanest
nice	nicer	nicest
big	bigger	biggest
funny	funnier	funniest
• useful	more useful	most useful
famous	more famous	most famous
exciting	more exciting	most exciting
difficult	more difficult	most difficult
• good	better	best
bad	worse	worst
much/many	more	most
(a) little	less	least

- Steigerung mit *-er/-est*:
  - **einsilbige** Adjektive
  - **zweisilbige** Adjektive **auf** *-y*
- Steigerung mit *more/most*:
  - die meisten **zweisilbigen** Adjektive, die **nicht auf** *-y* enden
  - Adjektive **mit mehr als zwei Silben**
- **Unregelmäßige** Steigerungsformen:
  - ***good/bad***
  - ***much/many, (a) little***

⚠ The **nearest** bus stop is just round the corner.
We have to get off at the **next** stop.

„der/die/das nächste …“:
nearest = „nächstgelegen“ (räumlich)
next = „nächstfolgend“ (Reihenfolge)

107 Das Adjektiv in Vergleichen (The adjective in comparisons)

Emily is as tall as Oliver.

Oliver is not as tall as Amy.

Amy is taller than him.

Amy is the tallest.

So kannst du Personen oder Dinge miteinander vergleichen:

- ***as … as*** („so … wie“)
- ***not as … as*** („nicht so … wie“)
- **Komparativ** (1. Steigerungsform) + ***than***: *taller than* („größer als“), *more expensive than*
- ***the*** + **Superlativ** (2. Steigerungsform): *the tallest* („die größte“/„am größten“), *the most expensive*.

⚠ Beachte, dass Personalpronomen nach *than* und *as … as* meist in der Objektform stehen: *taller than* ***me/him/her/us/…***.

Das Adverb (The adverb)

108 Formen (Forms)

- always, often, sometimes, now, then, today, soon, still, here, there, up, down, perhaps, very, too …

Es gibt verschiedene Arten von Adverbien:
- **„ursprüngliche“** Adverbien (= Adverbien, die nicht von Adjektiven abgeleitet sind)

- badly, usually, happily, electronically, terribly, …

- Adverbien, die **von Adjektiven abgeleitet** sind

- fast, hard, late, early, long, daily, weekly, …

- Adverbien, die **dieselbe Form wie Adjektive** haben.

⚠
- You should always play fair. — **fair**
  It was fairly late when we arrived. — **ziemlich**
- We had to work hard for the test. — **hart, schwer**
  I'm so tired I can hardly work. — **kaum**
- I tried to jump as high as I could. — **hoch**
  This snake is highly dangerous. — **höchst, sehr**
- Dad always gets home late. — **spät**
  I've been very tired lately. — **in letzter Zeit**
- My school is quite near. — **nahe, in der Nähe**
  We nearly had an accident. — **fast, beinahe**

Zu einigen Adjektiven gibt es jeweils zwei Adverbien mit ganz unterschiedlicher Bedeutung.

▶ Stellung der Adverbien: 10–13

4:5

109 Gebrauch (Use)

(1) You **played** terribly yesterday.

(2) It was terribly **cold** last night.

(3) Jessica always drives terribly **fast**.

Adverbien können sich
- auf ein Verb beziehen (Satz 1). Sie beschreiben, wie jemand etwas tut.
- auf ein Adjektiv (Satz 2) oder ein anderes Adverb (Satz 3) beziehen.

K Mr Bell always drives **carefully**. … fährt immer **vorsichtig**
Mr Bell is always very **careful**. … ist immer sehr **vorsichtig**

Im Deutschen haben Adverbien der Art und Weise und Adjektive dieselbe Form.

4:5

110 Steigerung (Comparison)

	Comparative	Superlative
• fast	faster	fastest
soon (bald)	sooner (eher)	soonest (am frühesten)
early	earlier	earliest
• quickly	more quickly	most quickly
carefully	more carefully	most carefully
often	more often	most often
• well	better	best
badly	worse	worst
much	more	most
little	less	least

- Steigerung mit *-er/-est*:
  - **einsilbige** Adverbien
  - ***early***
- Steigerung mit ***more/most***:
  - Adverbien **auf *-ly*** (bis auf *early*)
  - andere **mehrsilbige Adverbien**
- **Unregelmäßige** Steigerungsformen:
  - ***well/badly***
  - *(talk/read/…)* ***much, little***

111 Das Adverb in Vergleichen (The adverb in comparisons)

Emily can run **as fast as** Oliver.

Oliver ca**n't** run **as fast as** Amy.

Amy can run **faster than** him.

Amy can run **fastest.**

▶ Das Adjektiv in Vergleichen: 107

112 Adverb oder Adjektiv nach bestimmten Verben? (Adverb or adjective after certain verbs?)

- **Tätigkeitsbeschreibung:** *verb* + *adverb*

All the kids **were talking** excitedly.
Alle Kinder redeten aufgeregt durcheinander.
Wie redeten sie? – Aufgeregt.

Lisa **looked** angrily at Mike.
Lisa sah Mike wütend an.
Wie sah sie ihn an? – Wütend.

- Wie du weißt, werden **Adverbien der Art und Weise** verwendet, wenn man sagen will, **wie jemand eine Tätigkeit ausführt**.

- **Zustands- oder Eigenschaftsbeschreibung:** *verb* + *adjective*

All the kids **felt** excited.
Alle Kinder waren aufgeregt.
Wie fühlten sie sich? (In welchem Zustand waren sie?) – Aufgeregt.
(*Vergleiche:* All the kids **were** excited.)

Lisa **looked** angry.
Lisa sah wütend aus.
Wie sah sie aus? (In welchem Zustand war sie?) – Wütend.
(*Vergleiche:* Lisa **was** angry.)

(to) **be**	sein	(to) **look**	aussehen
(to) **seem**	*(zu sein)* scheinen	(to) **sound**	klingen
		(to) **feel**	sich (an-) fühlen
(to) **become**	werden		
(to) **get**	werden	(to) **smell**	riechen
(to) **stay**	bleiben	(to) **taste**	schmecken

3: 2 (S. 152) / 4: 5

- Einige Verben beschreiben nicht Tätigkeiten, sondern **Zustände** oder **Eigenschaften (wie jemand oder etwas ist)**. Nach solchen Verben stehen Adjektive, nicht Adverbien. (Tipp: Meist können diese Verben durch *be* ersetzt werden!)

Klappt bei 'nem Verb der „be"-Ersatz, ist ein Adverb fehl am Platz!

Dies sind die wichtigsten Verben, nach denen Adjektive stehen.

Präpositionen (Prepositions)

113 Bedeutung und Gebrauch (Meaning and use)

(1) above, between, in, on, ...;
into, onto, out of, through, ...
(2) after, at, before, during, in, ...
(3) about, because of, instead of, like, without, ...

Präpositionen (Verhältniswörter) geben Beziehungen zwischen Personen, Dingen usw. an.

- Sie lassen sich einteilen in
  (1) Präpositionen **des Ortes und der Richtung**
  (2) Präpositionen **der Zeit**
  (3) **sonstige** Präpositionen.

Ort	on **the table**	auf dem Tisch
Zeit	on **Tuesday**	am Dienstag
sonstige Beziehung	(questions) on **the text**	(Fragen) zum Text

- Oft kann eine Präposition verschiedene Beziehungen ausdrücken.

Verb + preposition	**laugh** at, **talk** to, **look** for, ...
Adjective + preposition	**good** at, **interested** in, **rude** to, ...
Noun + preposition	**reason** for, **danger** of, **chance** of, ...

- Präpositionen können mit anderen Wörtern fest verbunden sein.
(▶ 118)

(1) **What** are they **talking** about?
Worüber / Über was reden sie?
(2) There's the man **you have to talk** to.
Da ist der Mann, mit dem du reden musst.
(3) The new boy **was laughed** at.
Über den neuen Jungen wurde gelacht.
(4) I'm looking for someone **to play tennis** with.
Ich suche jemanden, mit dem ich Tennis spielen kann.

- Präpositionen stehen normalerweise vor einem Nomen, Pronomen oder Gerundium.
  Beachte aber die Stellung in
  (1) Fragesätzen mit *who, what,* usw.
  (2) Relativsätzen
  (3) Passivsätzen
  (4) Infinitivkonstruktionen.

114 Präpositionen des Ortes und der Richtung (Prepositions of place and movement)

Wendungen mit *at, in, on*

at	**at** the table	am Tisch	**at** work	bei der Arbeit, am Arbeitsplatz
	at the front	vorn, an/auf der Vorderseite		
	at the back	hinten, an/auf der Rückseite	**at** home	zu Hause
	at school	in der Schule	**at** 22 King Street	in der Königstraße 22
in	**in** the street *(BE)* (*AE:* **on** the street)	auf der Straße	**in** the country	auf dem Land
			in the sky	am Himmel
	in the field	auf dem Feld	**in** the picture	auf dem Bild
on	**on** the coast	an der Küste	**on** the left	links, auf der linken Seite
	on the wall	an der Wand	**on** a visit to	auf/zu Besuch bei/in
	on the bus/train	im Bus/Zug	**on** holiday *(BE)*/ **on** vacation *(AE)*	in/im Urlaub
	on my way to	auf dem Weg/unterwegs nach		

115 Präpositionen der Zeit (Prepositions of time)

after
Let's meet **after** lunch. — **nach** dem Mittagessen

at
The match begins **at** 3 o'clock. — **um** 3 Uhr
Come back **at** the weekend. *(BE)* — **am** Wochenende
(*AE: …* **on** the weekend)

at	**at** night	bei Nacht, nachts	**at** the moment	im Moment, gerade
	at Christmas	zu Weihnachten	**at** once	sofort
	at dinner	beim Abendessen	**at** first	zuerst, anfangs
	at lunch-time	zur Mittagszeit, mittags	**at** last	endlich
	at (the age of) 17	im Alter von 17 Jahren, mit 17	**at** the beginning	am Anfang
	at all times	immer, jederzeit	**at** the end	am Ende/Schluss
	at that time	damals, zu jener/dieser Zeit	⚠ **in** the end	schließlich
	at the same time	zur gleichen Zeit	I waited and waited, but the bus didn't come. **In the end** I walked to school.	

before
They usually go to bed **before** ten. — **vor** zehn (Uhr)

by
Can you do it **by** tomorrow? — (spätestens) **bis** morgen

during
Lisa always works **during** the holidays. — **während** der Ferien

Deutsch „während"

Come and visit me **during the holidays.** — während der Ferien
vor Nomen: **during** (Präposition)

I broke my leg **while I was on holiday.** — während ich in Urlaub war
zur Einleitung von Nebensätzen: **while** (Konjunktion)

for
We've been here **for** three days. — **seit** drei Tagen

from
The museum is open **from** 10 to 6. — **von** 10 (Uhr) bis 6 (Uhr)

in
My birthday is **in** July. — **im** Juli
I'll be with you **in** ten minutes. — **in** zehn Minuten

on
My birthday is **on** 12th July. — **am** 12. Juli

on	**on** Friday	am Freitag	**on** the first night	in der ersten Nacht
	on Fridays	freitags	**on** my birthday	an meinem Geburtstag
	on 12th May	am 12. Mai	**on** holiday	in/im Urlaub

Tageszeiten

allgemeine Tageszeit	in the morning in the afternoon in the evening ⚠ at night	on **Monday** morning on **Tuesday** afternoon on **Friday** evening on **Sunday** night	**näher bestimmte Tageszeit**

past
It was ten minutes **past** nine. — **nach** neun (Uhr)

since
Emily has been waiting **since** 10.30. — **seit** 10 Uhr 30

(not) till / (not) until
The café is open **till/until** 6 o'clock. — **bis** sechs Uhr
She wo**n't** be here **till/until** 8 o'clock. — **erst um** acht Uhr, **nicht vor** acht Uhr

to
It's ten minutes **to** nine. — **vor** neun (Uhr)
The museum is open from 10 **to** 6. — von 10 (Uhr) **bis** 6 (Uhr)

towards
It began to rain **towards** the end of the afternoon. — **gegen** Ende

116 Sonstige Präpositionen (Other prepositions)

about
I like books **about** ghosts. — **über** Gespenster
I'm phoning **about** the party. — **wegen** der Party

after
'Smith' comes **after** 'Smart' in the list. — **nach** „Smart"

against
We're playing **against** Blacon High School tomorrow. — **gegen** die Blacon High School

as
We could use that photo **as** a poster. — **als** Poster
As a child, I was afraid of ghosts. — **als** Kind

because of
We stayed at home **because of** the rain. — **wegen** des Regens

before
'Smart' comes **before** 'Smith' in the list. — **vor** „Smith"

by
In 1666 London was destroyed **by** fire. — **durch** (ein) Feuer
St Paul's Cathedral was built **by** Christopher Wren. — **von** Christopher Wren
I usually go to school **by** bike. — **mit** dem Fahrrad

except
The café is open every day **except** Monday. — **außer** Montag, **bis auf** Montag

for
I've got a great present **for** my sister. — **für** meine Schwester
What do you usually have **for** breakfast? — **zum** Frühstück

from
Conchita has got a letter **from** Scott. — **von** Scott

instead of
Could I have tea **instead of** coffee? — **(an)statt** Kaffee, **anstelle von** Kaffee

like
That man looks **like** a film star. — **wie** ein Filmstar

of
This is a picture **of** our school. — **von** unserer Schule
Let's have a cup **of** tea first. — eine Tasse Tee

out of
Only 14 **out of** 58 passengers survived the accident. — 14 **von** 58 Passagieren

over
There are **over** 20 girls in my class. — **über** 20 Mädchen

per
We're travelling at 40 miles **per** hour. — **pro** Stunde

towards
Why is he so unfriendly **towards** us? — uns **gegenüber**

under
It will take you **under** 20 minutes to get there. — **unter** 20 Minuten

up to
I read **up to** five books a month. — **bis zu** fünf Bücher
Read **up to** page 14, please. — **bis** Seite 14

with
We've got a house **with** a garden. — **mit** (einem) Garten
Mike is **with** his friends. — **bei** seinen Freunden

without
You can't survive **without** food. — **ohne** Nahrung

Wendungen mit *at, in, on*

at	**at** least	wenigstens, mindestens; zumindest	not … **at** all	überhaupt nicht
			good/bad **at** sth.	gut/schlecht in etwas
in	**in** your own words	in/mit deinen eigenen Worten	**in** love	verliebt
			in English	auf Englisch
	in a loud voice	mit lauter Stimme	**in** my opinion	meiner Meinung nach
	in a hurry	in Eile	**in** different ways	auf verschiedene Weise
on	questions **on** the text	Fragen zum Text	**on** the phone	am Telefon
	a test **on** prepositions	eine Prüfung über Präpositionen	**on** the radio	im Radio
			on TV	im Fernsehen
	a talk **on** horses	ein Vortrag über Pferde		

117 Deutsche Präpositionen und ihre englischen Entsprechungen (German prepositions and their English equivalents)

„bei“	I was **at** my aunt's (house) yesterday.	bei meiner Tante
	My mother works **for** a computer company.	bei einer Computerfirma
	My cousin is going to stay **with** us for a few days.	bei uns
	Tennis is very popular **with** my friends.	bei meinen Freundinnen und Freunden
	You can't play tennis **in** this weather.	bei diesem Wetter
„bis“	Can you finish that **by** next Monday?	bis (spätestens) nächsten Montag
	Let's wait **till/until** Sunday.	bis Sonntag
	So far we've been lucky.	bis jetzt
„seit“	Lucy has known me **since** 1996.	seit 1996
	Alexander has known me **for** eight years.	seit acht Jahren
„von“	These books are **by** Sophie Valentine.	von Sophie V. (geschrieben)
	This is a photo **of** Sophie Valentine.	ein Foto von Sophie V.
	Today I got a letter **from** Sophie Valentine.	einen Brief von Sophie V.
„vor“	I usually go to bed **before** ten o'clock.	vor zehn Uhr
	Let's go. It's ten **to** twelve.	zehn vor zwölf
	My grandfather died two years **ago**.	vor zwei Jahren
	'Ball' comes **before** 'Bell' in the list.	vor „Bell“
	There's a bus stop **in front of** our house.	vor unserem Haus

118 Verbindungen aus Verb + Präposition / Adjektiv + Präposition (Combinations of verb + preposition / adjective + preposition)

Verb + Präposition *(Prepositional verbs)*

(to) **ask for**	bitten um
(to) **believe in**	glauben an
(to) **belong to** sb.	jm. gehören
(to) **care about** sb.	sich um jn. kümmern, jn. wichtig nehmen
(to) **decide on**	sich entscheiden für
(to) **die of**	sterben an
(to) **happen to** sb.	jm. passieren; mit jm. geschehen
(to) **hope for**	hoffen auf
(to) **laugh at** sb.	über jn. lachen, jn. auslachen

(to) **look** after sb.	sich um jn. kümmern, auf jn. aufpassen	(to) **smell** of	riechen nach
(to) **look** at sb./sth.	sich jn./etwas anschauen	(to) **speak** to	sprechen mit
(to) **look** for sb./sth.	jn./etwas suchen	(to) **stay** with	übernachten/wohnen bei
(to) **look forward** to	sich freuen auf	(to) **taste** of	schmecken nach
(to) **pay** for sth.	etwas bezahlen	(to) **think** about/of	halten von, denken über
(to) **react** to	reagieren auf	(to) **think** of	denken an; sich ausdenken
(to) **reply** to	antworten auf	(to) **wait** for	warten auf
(to) **send** for sb.	jn. holen/kommen lassen		

Adjektiv + Präposition

angry with	zornig, wütend auf	**interested** in	interessiert an
close to	nahe bei, an	**jealous** of	neidisch, eifersüchtig auf
crazy about	verrückt nach	**mad** at/with	wütend auf
different from	anders als	**married** to	verheiratet mit
disappointed with	enttäuscht von	**popular** with	beliebt bei
good/bad at	gut/schlecht in	**proud** of	stolz auf
important to	wichtig für	**surprised** at/by	überrascht über
		worried about	beunruhigt wegen, besorgt wegen, um

Konjunktionen (Conjunctions)

119 Bedeutung und Gebrauch (Meaning and use)

Konjunktionen (Bindewörter) verbinden Wörter, Satzteile oder Sätze miteinander. Man unterscheidet

- **nebenordnende** oder **koordinierende** Konjunktionen *(coordinating conjunctions)*. Sie verknüpfen Hauptsätze oder Satzteile.

- and, but, or, as well as, …

  She went home and had a bath.
  Do you want to play in the garden or by the river?

- **unterordnende** oder **subordinierende** Konjunktionen *(subordinating conjunctions)*. Sie verbinden Nebensätze mit Hauptsätzen.

- after, because, if, when, …

  She went home because she was tired.

120 Nebenordnende Konjunktionen (Coordinating conjunctions)

and
Mike wants to stay at home **and** watch TV. — **und**

as well as
I told them when to come **as well as** how to get here. — **und auch, ebenso wie**

both … and
Both Lisa **and** Tim were late for school. — **sowohl … als auch**

but
Mike hasn't got a pet, **but** he has got a computer. — **aber**
Megan isn't English **but** Welsh. — **sondern**

not only ... but also
I've **not only** lost my ticket, **but also** my money. — **nicht nur ..., sondern auch**

or
Can you give me a pen **or** a biro? — **oder**

121 Unterordnende Konjunktionen (Subordinating conjunctions)

after
I arrived **after** Lisa (had) left. — **nachdem**

although
Although Tim was hurt, he finished the race. — **obwohl**

as
The bus made a lot of noise **as** it drove along the road. — **als, während**
As you know, it's Megan's birthday tomorrow. — **wie**
We can't play outside **as** it's raining. — **da, weil**

as if
We've missed the bus. It looks **as if** we'll have to walk. — **als ob**

because
We can't come **because** we're too busy. — **weil**

> **because – because of**
> We stayed at home because **it rained.** (**weil** es regnete) — **zur Einleitung von Nebensätzen:** because (Konjunktion)
> We stayed at home because of **the rain.** (**wegen** des Regens) — **vor Nomen/Pronomen:** because of (Präposition)

before
Do your homework **before** you watch TV. — **bevor, ehe**

even if	
I want to talk to her, **even if** I have to wait for hours.	**selbst wenn, auch wenn**
if	
If you don't go now, you'll be late.	**wenn, falls**
Do you know **if** Mr Owen is at home?	**ob**
since	
We haven't seen her **since** she left Wales.	**seit**
so (that)	
Please speak louder **so (that)** we can hear you.	**sodass, damit**
than	
My cold is better **than** it was last week.	**als**
that	
Tim says **that** he's never late.	**dass**
(not) till/until	
Wait **till/until** the rain stops.	**bis**
I wo**n't** make tea **till/until** Dad comes home.	**nicht bevor, erst wenn**
unless	
You won't pass the test **unless** you work harder.	**wenn nicht, außer wenn, es sei denn, dass**
when	
I always wash the dishes **when** I come home.	**wenn**
I made tea **when** Dad came home.	**als**
whenever	
Whenever Mary writes, she has bad news.	**immer wenn**
You can come **whenever** you like.	**wann (auch) immer**
whether	
We didn't know **whether** we should stay or go.	**ob**
while	
The phone rang **while** we were having dinner.	**während**

▶ *while – during:* 115

⚠ *False friends:*
***while* = „während"**
„weil" = *because*

K

Nebensatz				Hauptsatz		
	S	V	O	S	V	O
If	you	help	us,	we	will help	you.
Wenn du		uns	hilfst,	helfen	wir	dir.

▶ Wortstellung S – V – O in Nebensätzen: 6

⚠ Im Englischen bleibt bei der Verknüpfung von Haupt- und Nebensätzen die Wortstellung **S - V - O** unverändert!

Satzgefüge (Complex sentences)

Bedingungssätze (Conditional sentences)

122 Übersicht (Overview)

Nebensatz mit *if* (*if*-clause)	**Hauptsatz** (Main clause)
If it rains,	**we will stay at home.**

Bedingungssätze bestehen aus zwei Teilen: einem **Nebensatz mit *if*** und einem **Hauptsatz**. Im Nebensatz wird eine **Bedingung** genannt (**„wenn es regnet"**). Im Hauptsatz steht, was geschieht, wenn diese Bedingung erfüllt wird (**Folge: „dann werden wir zu Hause bleiben"**).

Sieh dir nun die drei Zeichnungen mit ihren Bedingungssätzen an:

After 10 minutes ...

If they score two goals, Arsenal will win.

After 85 minutes ...

If they scored two goals, Arsenal would win.

After the match ...

If they had scored two goals, Arsenal would have won.

- **If they score two goals,** they will win.
  Wenn sie zwei Tore schießen, gewinnen sie / werden sie gewinnen. *(„Was ist, wenn ...?")* ▶ 123

- **If they scored two goals,** they would win.
  Wenn sie zwei Tore schießen würden, würden sie gewinnen. *(„Was wäre, wenn ...?")* ▶ 124

- **If they had scored two goals,** they would have won.
  Wenn sie zwei Tore geschossen hätten, hätten sie gewonnen. *(„Was wäre gewesen, wenn ...?")* ▶ 125

Wie die Beispiele zeigen, kann man drei **Grundtypen von Bedingungssätzen** unterscheiden:

- **Typ I – reale, erfüllbare Bedingung:** Die Jugendlichen halten es für **gut möglich**, dass Arsenal zwei Tore schießt (das Spiel hat ja gerade erst begonnen).
- **Typ II – kaum/wahrscheinlich nicht erfüllbare Bedingung:** Die Jugendlichen halten es für **unwahrscheinlich**, dass Arsenal kurz vor Schluss noch zwei Tore schießt.
- **Typ III – irreale, nicht mehr erfüllbare Bedingung:** Das Spiel ist zu Ende, Arsenal hat verloren.

K Arsenal will win **if they score two goals.**
Arsenal gewinnt, wenn sie zwei Tore schießen.

Im Englischen kein Komma, wenn der Hauptsatz vor dem *if*-Satz steht!

123 Bedingungssatz I: Erfüllbare Bedingungen (Conditional sentence I: Conditions that can be fulfilled)

if-clause	Main clause
If Amy **leaves** now, Wenn Amy jetzt geht,	she'**ll get** home before 10. kommt sie vor 10 nach Hause. / wird sie vor 10 nach Hause kommen.
If it **stops** raining,	we **can go** for a walk.
If Scott **comes** home,	**tell** him to phone Conchita.
simple present	– *will*-future – modal auxiliary *(can/must/...)* + infinitive – imperative

Bedingungssätze vom Typ I beziehen sich auf die **Gegenwart** oder die **Zukunft**:

- Mit dem ***if*-Satz im *simple present*** drückst du eine Bedingung aus, von der du annimmst, dass sie erfüllt werden kann: Du hältst es für durchaus **möglich oder sogar wahrscheinlich**, dass Amy jetzt geht, dass es aufhört zu regnen, dass Scott nach Hause kommt.
- Mit dem **Hauptsatz** teilst du mit, was geschehen wird, kann, soll usw., wenn die Bedingung erfüllt wird: Amy wird vor 10 nach Hause kommen, wir können einen Spaziergang machen, dein Gesprächspartner soll Scott etwas ausrichten.

If it freezes, water **turns** to ice.
Wenn (= Jedes Mal, wenn) es friert, wird Wasser zu Eis.
If you add blue to yellow, you **get** green.

In allgemein gültigen Aussagen („wenn etwas immer so ist") steht auch im Hauptsatz das *simple present*.

Bedingungssatz I („Was ist, wenn …?"):

Im *if*-Satz *simple present* (nicht ~~*will*~~)!

⚠ I'll see you at Christmas **when** I'm in New York.
(= I'm sure that I'll be in New York at Christmas.)
… wenn (= dann wenn / sobald) ich in New York bin.
I'll see you at Christmas **if** I come to New York.
(= Perhaps I'll come to New York, perhaps not.)
… wenn (= falls) ich nach New York komme.

3: 3 / 4: 3

Verwechsle nicht *when* („dann wenn", „sobald") und *if* („falls").

Vorsicht mit dem deutschen „wenn" – es ist nicht immer englisch „when"!

Mit „falls" im Sinn ist „if" nur in!

124 Bedingungssatz II: Nicht oder kaum erfüllbare Bedingungen (Conditional sentence II: Conditions that cannot or can hardly be fulfilled)

if-clause	Main clause
If Grandpa **was** younger, Wenn Opa jünger wäre,	he **would learn** to ski. würde er Ski fahren lernen.
If Glen **had** $50,000, Wenn Glen 50.000 Dollar hätte,	he **could move** to Florida. könnte er nach Florida ziehen.
If Sue **worked** harder, Wenn Sue härter arbeiten würde,	she **might pass** the test. würde sie vielleicht die Prüfung bestehen.
simple past	***would/could/might* + infinitive**

Bedingungssätze vom Typ II beziehen sich auf die **Gegenwart** oder die **Zukunft**:

- Mit dem ***if*-Satz im *simple past*** drückst du eine Bedingung aus,
  - die **nicht erfüllt werden kann** (Opa ist nicht jünger; Glen hat keine 50.000 Dollar) oder
  - die deiner Meinung nach **wahrscheinlich nicht erfüllt wird** (du hältst es für unwahrscheinlich, dass Sue härter arbeitet).
- Mit dem **Hauptsatz** teilst du mit, was jetzt oder in Zukunft geschehen würde oder könnte, wenn die Bedingung doch erfüllt würde: Opa würde Ski fahren lernen, Glen könnte nach Florida ziehen, Sue würde vielleicht die Prüfung bestehen.

If I **could meet** a film star, it would be Brad Pitt.
Wenn ich einen Filmstar treffen könnte, ...

- Im *if*-Satz kann auch *could* stehen.

I'd be very happy if Grandma **were** still alive.
..., wenn Oma noch am Leben wäre.

- Anstelle von *was* steht manchmal *were* im *if*-Satz.

If I were you, I'd talk to him.
Wenn ich du wäre, würde ich ... . / An deiner Stelle würde ich ... .

- Für Ratschläge verwendet man die Wendung *If I were you, I'd ...* .

K If I **found** $100 in the street, ...
... **fände/finden würde**, ...

- Dem *simple past* im *if*-Satz entspricht eine deutsche Konjunktivform („fände", „finden würde").

If I **had** a job, I **would have** enough money.
... hätte ... ... hätte ...
If you **were** my teacher, I **would be** your pupil.
... wäre ... ... wäre ...

- „hätte" und „wäre" haben unterschiedliche Entsprechungen im *if*-Satz und im Hauptsatz.

3:3/4:3

Bedingungssatz II („Was wäre, wenn ...?"):

Im *if*-Satz *simple past* (nicht ~~would~~)!

125 Bedingungssatz III: Nicht mehr erfüllbare Bedingungen (Conditional sentence III: Conditions that can no longer be fulfilled)

if-clause	Main clause
If Josh **had phoned** him,	Daniel **would have met** him at the station.
Wenn Josh ihn angerufen hätte,	hätte Daniel ihn … abgeholt.
If the weather **had been** good,	they **might have gone** to the beach.
Wenn das Wetter gut gewesen wäre,	wären sie vielleicht zum Strand gegangen.
past perfect (= *had* + past participle)	***would have / could have / might have*** **+ past participle**

Bedingungssätze vom Typ III beziehen sich auf die **Vergangenheit**:

- Mit dem ***if*-Satz im *past perfect*** drückst du eine Bedingung aus, die **nicht mehr erfüllt werden kann**: Wir wissen bereits, dass Josh nicht angerufen hat und dass das Wetter nicht gut gewesen ist. Vergleiche:
  Josh didn't phone – so war es in Wirklichkeit.
  If Josh had phoned – das stellst du dir nur vor.
- Mit dem **Hauptsatz** teilst du mit, was geschehen wäre oder hätte sein können, wenn die Bedingung erfüllt worden wäre („was wäre gewesen, wenn"): Daniel hätte Josh abgeholt; sie wären vielleicht zum Strand gegangen.

⚠ If he**'d phoned** …,
= If he **had phoned**

he**'d have met** … .
= he **would have met**

Beachte, dass die Kurzform ***'d*** im *if*-Satz für ***had*** steht, im Hauptsatz aber für ***would***.

If Ann hadn't gone swimming, she**'d be** alive today.
Wenn Ann nicht schwimmen gegangen wäre, wäre sie heute noch am Leben.
If Pete hadn't left, we **could play** cards now.
Wenn Pete nicht gegangen wäre, könnten wir jetzt Karten spielen.

Im Hauptsatz kann auch *would/could/might* + Infinitiv stehen: In diesen Fällen beschreibt der Hauptsatz, was jetzt, in der Gegenwart, der Fall wäre, wenn die Bedingung im *if*-Satz erfüllt worden wäre: Ann wäre heute noch am Leben; wir könnten jetzt Karten spielen.

K If she **had helped** me last week, I **would have helped** her yesterday.
Wenn sie mir … **geholfen** hätte, hätte ich ihr … **geholfen**.
If Sue **had been** there, I **would have been** happy.
Wenn Sue da **gewesen** wäre, wäre ich glücklich **gewesen** .

- Dem *past perfect* im *if*-Satz entspricht eine deutsche Konjunktivform („geholfen hätte", gewesen wäre").
- „hätte" und „wäre" haben unterschiedliche Entsprechungen im *if*-Satz und im Hauptsatz.

4:3

Bedingungssatz III („Was wäre gewesen, wenn …?"):

Im *if*-Satz *past perfect* (nicht ~~*would have*~~)!

Relativsätze (Relative clauses)

126 Gebrauch (Use)

The man who is talking to your mum is my grandpa.
Der Mann, der mit deiner Mutter spricht, ist mein Opa.

This is **the girl** whose bike was stolen.
Dies ist das Mädchen, dessen Fahrrad gestohlen wurde.

Are you talking about **the bike** that they found behind the school?
Sprichst du von dem Rad, das sie hinter der Schule gefunden haben?

Manchmal ist es notwendig, ein Nomen genauer zu bestimmen, damit klar wird, von wem oder was wir reden. Dafür können **Relativsätze *(relative clauses)*** verwendet werden: Erst durch den Relativsatz wird deutlich, wer oder was gemeint ist („welcher Mann?" „welches Mädchen?" „welches Fahrrad?"). Daher werden diese Relativsätze **bestimmende Relativsätze** oder auch **notwendige Relativsätze** genannt.

K

	Subject	Verb	Object
	That girl	helped	my dad.
That's the girl	**who**	**helped**	**my dad**.

Das ist das Mädchen, **das meinem Vater geholfen hat**.

▶ Wortstellung S – V – O in Nebensätzen: 6

Wie in allen Nebensätzen gilt in englischen Relativsätzen die **Wortstellung S – V – O**, das Verb steht also an derselben Stelle wie in einem Hauptsatz. Beachte, dass diese englischen Relativsätze **nicht durch Kommas abgetrennt** werden.

127 Relativpronomen (Relative pronouns)

The boy	who/that	helped you is nice.
Der Junge,	**der**	dir geholfen hat, ist nett.
Those are the girls	who/that	kicked me.
Das sind die Mädchen,	**die**	mich getreten haben.
Please get the glass	which/that	is on your desk.
Bitte hole das Glas,	**das**	auf deinem Schreibtisch steht.
I only watch films	which/that	are about animals.
Ich sehe nur Filme,	**die**	von Tieren handeln.

Die **Relativpronomen *who, which*** und ***that*** werden unterschiedlich verwendet:

- ***who*** für **Personen**,
- ***which*** für **Dinge** (und Tiere),
- ***that*** für **Dinge und Personen** (für Personen ist *who* allerdings gebräuchlicher).

who *für Personen*
which *für Dinge*
that *für Dinge und Personen*

I talked to a boy	whose **mother**	works in Bristol.
... mit einem Jungen,	**dessen Mutter**	in Bristol arbeitet.
Is that the woman	whose **son**	got married last year?
... die Frau,	**deren Sohn**	letztes Jahr geheiratet hat?
We played a game	whose **rules**	were very difficult to understand.
... ein Spiel,	**dessen Regeln**	sehr schwer zu verstehen waren.

Das **Relativpronomen *whose*** entspricht dem deutschen „dessen, deren". Es bezieht sich meist auf Personen, kann aber auch für Dinge und Tiere verwendet werden.
Auf *whose* folgt immer ein Nomen.

⚠ Is that the boy **whose** mother works in Bristol?
The boy **who's** talking to Mr Brown is my brother.

Verwechsle *whose* nicht mit der Kurzform *who's* (= *who is*).

(1)

	Relative clause	
	Subject	
I like **the boy**	who	**works in this shop.**
Ich mag den Jungen,	der	in diesem Laden arbeitet.
Is this **the ferry**	that	**goes to France?**
Ist dies die Fähre,	die	nach Frankreich fährt.

In **(1)** sind die Relativpronomen *who* bzw. *that* **Subjekt des Relativsatzes.**
Vergleiche:
*… the boy **who** works in this shop.*
***The boy** works in this shop.*

(2)

	Relative clause		
	Object	Subject	
I like **the girl**	who	**we**	**met at the disco.**
Ich mag das Mädchen,	das	wir	… getroffen haben.
Are these **the CDs**	that	**you**	**bought last week?**
Sind dies die CDs,	die	du	letzte Woche gekauft hast?

In **(2)** sind die Relativpronomen *who* bzw. *that* **Objekt des Relativsatzes.**
Vergleiche:
*… the girl **who** we met at the disco.*
*We met **her** at the disco.*

K This is **all that** can be said. … **alles, was** …
Is this **everything that** must be done? … **alles, was** …

Nach Mengenangaben wie *all, every(thing), some(thing), any(thing), no(thing), little* steht *that*.
⚠ Nie: *… all/everything ~~what~~ …*

128 Relativsätze ohne Relativpronomen (Contact clauses)

	Relative clause		
	Object		
Is that **the girl**	who	**we met at the disco?**	
oder: Is that **the girl**	☐	**we met at the disco?**	
Ist das das Mädchen,	das	wir in der Disco getroffen haben?	
The CDs	that	**you bought**	are great.
oder: **The CDs**	☐	**you bought**	are great.
Die CDs,	die	du gekauft hast,	sind toll.

In den Beispielen links sind die Relativpronomen *who* bzw. *that* **Objekt** des Relativsatzes. Wenn das Relativpronomen Objekt des Relativsatzes ist, wird es meistens weggelassen. Relativsätze ohne Relativpronomen nennt man ***contact clauses***, weil das näher zu bestimmende Nomen und das Subjekt des Relativsatzes Kontakt haben: Es steht kein Relativpronomen dazwischen – auf das näher zu bestimmende Nomen *girl* folgt direkt das Subjekt *we* (*… the girl we met …*).

⚠

	Relative clause		
	Object	**Subject**	Verb
This is **the boy**		**who**	**won the race.**
Dies ist der Junge,		**der**	das Rennen gewonnen hat.
This is **the boy**	**who**	**we**	**met last week.** *oder*
This is **the boy**	☐	**we**	**met last week.**
Dies ist der Junge,	**den**	**wir**	… getroffen haben.

⚠ Wenn das Relativpronomen **Subjekt** des Relativsatzes ist, darfst du es **nie weglassen!**

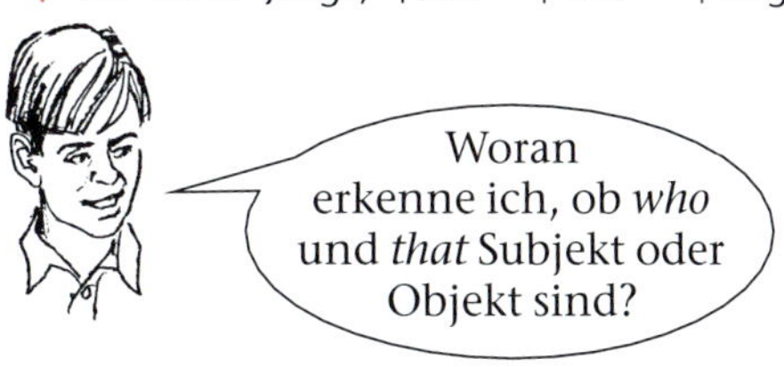

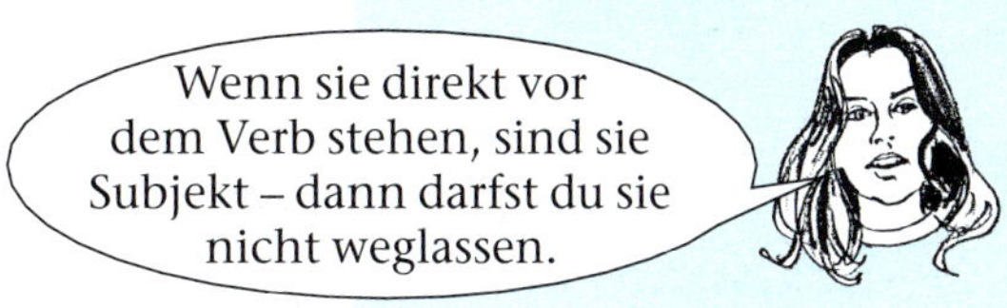

129 Relativsätze mit Präpositionen (Relative clauses with prepositions)

	Relative clause	
(1) The woman	**who** Lucy **was talking to**	was my aunt.
Die Frau,	**mit der** Lucy **sprach,**	war meine Tante.
(2) The girl	**who** I **play chess with**	is nice.
Das Mädchen,	**mit dem** ich **Schach spiele,**	ist nett.

Vergleiche: Lucy **was talking** to my aunt.
I **play chess** with a nice girl.

Wenn das Verb im Relativsatz mit einer Präposition verbunden ist *(talk to, play with)*, steht die **Präposition** an derselben Stelle **wie im Hauptsatz: nach dem Verb (1)** bzw. **nach dem Objekt (2)**.

		Object	
	The woman	**who**	she **was talking** to was my aunt.
oder:	The woman	☐	she **was talking** to was my aunt.
	The girl	**who**	I **play chess** with is nice.
oder:	The girl	☐	I **play chess** with is nice.
	The hotel	**which**	we **stayed** at was expensive.
oder:	The hotel	☐	we **stayed** at was expensive.
	Das Hotel,	in **dem** wir **wohnten**, war teuer.	
	The book	**which**	she **told you** about is sold out.
oder:	The book	☐	she **told you** about is sold out.
	Das Buch,	von **dem** sie **dir erzählt hat**, ist ausverkauft.	

Auch in Relativsätzen mit Präpositionen kannst du das Relativpronomen weglassen, weil es das **Objekt** der Präposition ist.

Wenn das Relativpronomen <u>Subjekt</u> des Relativsatzes ist, darfst du es <u>nie</u> weglassen!

Die indirekte Rede (Indirect speech / Reported speech)

130 Direkte und indirekte Rede (Direct and indirect speech)

Laura says, 'I can't lend you my CD player, Alex.'
Laura sagt: „Ich kann dir meinen CD-Spieler nicht leihen, Alex."

Man kann das, was jemand sagt (oder gesagt hat), auf zweifache Art und Weise wiedergeben:

- In der **direkten Rede** *(direct speech)* wird **wörtlich wiedergegeben**, was jemand sagt, schreibt oder denkt.
  Die direkte Rede steht wie im Deutschen in Anführungsstrichen.

Laura says (that) she can't lend Alex her CD player.
Laura sagt, dass sie Alex ihren CD-Spieler nicht leihen kann.

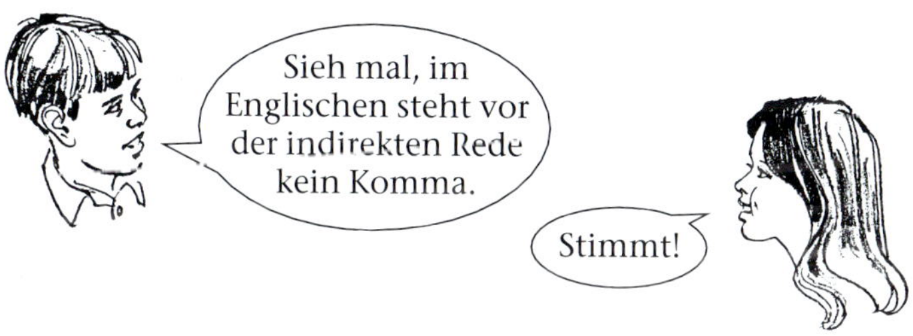

- In der **indirekten Rede** *(indirect* oder *reported speech)* **wird berichtet**, was jemand sagt, schreibt oder denkt.
  Die indirekte Rede wird mit Verben wie *say, tell sb., add, answer, explain, mention, reply, report, write, believe, know, think, ask, want to know, wonder* usw. eingeleitet.
  Die Konjunktion *that* („dass") wird oft weggelassen, besonders nach *say, tell sb.* und *think*.

⚠ Laura **told** me | that she didn't like Alex.
Laura **said** | that she didn't like Alex.
Laura **said** to me | that she didn't like Alex.

- Auf ***tell*** folgt immer ein Personenobjekt: *Laura told Sue/me/her/… .*
- ***say*** steht meist ohne Personenobjekt. Wenn ein Personenobjekt folgt, steht es **mit *to***:
  Laura said ***to*** *Sue/me/her/… .*

Direct speech	'**I** can't lend **you my** CD player, Alex.'
Indirect speech *(Alex reports)*	Laura said **she** couldn't lend **me her** CD player.
Indirect speech *(someone else reports)*	Laura said **she** couldn't lend **Alex/him her** CD player.

▶ Veränderung von Orts- und Zeitangaben in der indirekten Rede: 136

Wie im Deutschen werden in der indirekten Rede die Personalpronomen und Possessivbegleiter aus der Sicht des berichtenden Sprechers gewählt.

K Mark says his parents **are** on holiday.
Mark sagt, seine Eltern **sind/seien** im Urlaub.
Lucy answered that she **hadn't seen** anything.
Lucy antwortete, dass sie nichts **gesehen habe/hätte**.

Im Englischen gibt es keinen Konjunktiv („seien", „gesehen habe", „gesehen hätte") in der indirekten Rede.

3: 5

131 Indirekte Rede mit einleitendem Verb im *simple present* (Indirect speech with a reporting verb in the *simple present*)

Direct speech — EMILY 'Mark **has** judo lessons.'
Indirect speech — Emily says Mark **has** judo lessons.

Direct speech — KATIE 'I'**m** really **enjoying** my holiday.'
Indirect speech — We got a postcard from Katie today. She writes that she'**s** **enjoying** her holiday.

3:5

Wenn die indirekte Rede durch ein Verb im *simple present (says, writes)* eingeleitet wird, bleibt die Zeitform der direkten Rede unverändert.

132 Indirekte Rede mit einleitendem Verb im *simple past* (Indirect speech with a reporting verb in the *simple past*)

Direct speech — JODY 'I **hate** eggs on toast.'
Indirect speech — Jody said she **hated** eggs on toast.
Jody sagte, sie hasst/hasse Eier auf Toast.

Direct speech — JACK 'I **haven't seen** Big Ben yet.'
Indirect speech — Last week Jack wrote that he **hadn't seen** Big Ben yet. Letzte Woche schrieb Jack, dass er Big Ben noch nicht gesehen hat/habe.

3:5

Wenn die indirekte Rede durch ein Verb im *simple past (said, wrote)* eingeleitet wird, werden die Zeitformen der direkten Rede meist verändert. Sie werden um eine Zeitstufe in die Vergangenheit „zurückverschoben" *(backshift of tenses)*: *hate → hated, haven't seen → hadn't seen.*

Sieh dir nun die folgende Übersicht an.

Veränderungen der Zeitform in der indirekten Rede bei einleitendem Verb im *simple past*

Direct speech	→ Indirect speech	
'I think Philip is German.' 'My parents are from Italy.' 'We play chess on Fridays.' 'We're watching a video.'	→ Jade **thought** that Philip was German. → He **told me** his parents were from Italy. → They **said** they played chess on Fridays. → Sarah **explained** that they were watching a video.	present → past
'I was late for school.' 'I think Sandra met Ryan at a dance.' 'Dad was watching a TV show.'	→ James **mentioned** that he had been late for school. → Sue **believed** that Sandra had met Ryan at a dance. → I **added** that Dad had been watching a TV show.	past → past perfect
'Kim has found a flat.'	→ Rebecca **wrote** that Kim had found a flat.	present perfect → past perfect
'I'm sure they'll arrive soon.'	→ Jake **was sure** that they would arrive soon.	*will*-future → *would* + infinitive
'We're going to work harder.'	→ They **said** they were going to work harder.	*going to*-future → *was/were going to* + infinitive
'I'm sorry we can't come.'	→ Eric **was sorry** that they couldn't come.	*can → could*
'Mum may be late.'	→ Dad **told me** mum might be late.	*may → might*

Direct speech	SOPHIE 'The bus **had** already **left**.'
Indirect speech	Sophie said the bus **had** already **left**.
Direct speech	MARY 'I **would** like to watch a film.'
Indirect speech	Mary said she **would** like to watch a film.
Direct speech	PETE 'I **must** fly home on the 5th.'
Indirect speech	Pete said he **must** fly / **had to** fly home on the 5th.

⚠ Ein Verb im *past perfect* sowie *would, could* (= „könnte"), *should, ought to, might, must* und *needn't* bleiben in der Regel unverändert. (Allerdings können *must* auch zu *had to* und *needn't* zu *didn't have to* verändert werden.)

Direct speech	SUE 'I think Sandra **met** Ryan at a dance.'
Indirect speech	Sue believed that Sandra **met** Ryan at a dance.

In der Umgangssprache werden die *past tense*-Formen der direkten Rede manchmal beibehalten, d.h. nicht ins *past perfect* verändert.

Direct speech	TIM 'London **lies** on the Thames.'
Indirect speech	Tim said London **lies**/**lay** on the Thames.
Direct speech	LUCY 'Mum **is** in hospital.'
Indirect speech	Lucy said her mum **is**/**was** in hospital.

3:5

Die Zeitform der direkten Rede kann auch beibehalten werden,
- wenn die Aussage allgemein gültig ist,
- wenn die Aussage zum Zeitpunkt der Berichterstattung noch zutrifft (Lucys Mutter ist noch immer im Krankenhaus).

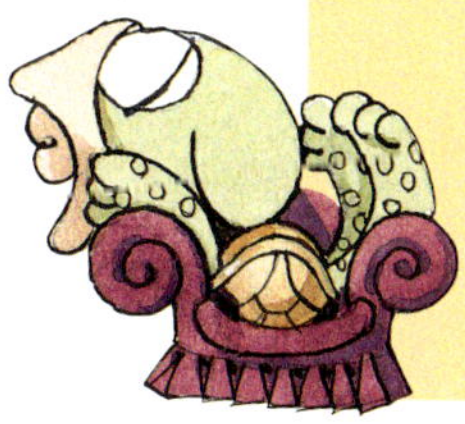

Indirekte Rede mit einleitendem Verb im *simple past*:

Die Zeitform der direkten Rede wird um eine Stufe in die Vergangenheit zurückverschoben:

Present forms → Past forms
Past forms → Past perfect forms

133 Fragen in der indirekten Rede (Questions in indirect speech)

Direct speech	'How **do** you **like** the Space Center, Glen?'
Indirect speech	Conchita asked Glen how he **liked** the Space Center.

Indirekte Fragen werden z.B. mit *ask, want to know* und *wonder* eingeleitet. Wenn diese Verben im *simple past* stehen, gelten die Regeln für die Veränderung der Zeitformen. (▶ 132)

Direct speech	MARGO '**When did** you **leave** home, Jake?'
Indirect speech	Margo wanted to know **when** Jake **had left** home.

- Wenn die direkte Frage mit einem **Fragewort** beginnt (*how, who, what, when, where* usw.), wird das Fragewort in der indirekten Rede beibehalten.

Direct speech	ANNE '**Do** you **play** hockey?'
Indirect speech	Anne asked me **if/whether** I **played** hockey.

3:6

- Eine indirekte **Entscheidungsfrage** wird durch *if* oder *whether* (= „ob") eingeleitet.

			Subject	Verb
Statement:			**Mark**	**loves** chess.
Indirect question:	She asked	if / whether / why	**Mark**	**loved** chess.

⚠ Die **Wortstellung** in indirekten Fragen ist wie in Aussagesätzen, nämlich ***subject – verb* – … .** Es gibt keine Umschreibung mit *do*.

	Indirect question
Can you tell me	where the post office is?
Do you know	if the play has started yet?

3:6

Wenn man höflich um Auskunft bitten möchte, verwendet man statt einer direkten Frage oft *Can you tell me …?* oder *Do you know …?* + indirekte Frage.

134 Aufforderungen und Bitten in der indirekten Rede (Commands and requests in indirect speech)

Aufforderungen, Verbote und Bitten werden in der indirekten Rede meist durch eine Infinitivkonstruktion wiedergegeben.

Direct speech MRS KING '**Turn off** the lights, Jane.'
Indirect speech Mrs King **told** Jane **to turn off** the lights.
Mrs King sagte zu Jane, sie solle das Licht ausmachen.

Aufforderungen und Verbote:
- *tell sb. to do sth.*

Direct speech 'Ian, **don't talk** during the test.'
Indirect speech She **told** Ian **not to talk** during the test. / She **warned** Ian **not to talk** during the test.
Sie sagte Ian, er solle während des Tests nicht reden. / Sie ermahnte Ian, während des Tests nicht zu reden.

- *tell sb. not to do sth. / warn sb. not to do sth.*

She **told** Ian **that he shouldn't talk** … .

Häufig wird auch ein Nebensatz mit *should/shouldn't* verwendet.

Direct speech '**Can/Could/Would** you **open** the window, Mike? And please **don't laugh**.'
Indirect speech She **asked** Mike **to open** the window. And she **asked** him **not to laugh**.

▶ Der *to*-Infinitiv nach bestimmten Verben + Objekt: 71

3:6

Bitten:
- *ask sb. (not) to do sth.*

135 Vorschläge in der indirekten Rede (Suggestions in indirect speech)

Direct speech TRACY '**Let's ask** Mrs King.'
Indirect speech Tracy **suggested asking** Mrs King. / Tracy **suggested (that) we should ask** Mrs King.

Direct speech ALLEN '**Why don't we talk** to Mr Evans?'
Indirect speech Allen **suggested talking** to Mr Evans. / Allen **suggested (that) we should talk** to Mr Evans.

Vorschläge werden meist mit *suggest doing sth.* oder mit *suggest (that) sb. should do sth.* wiedergegeben.

⚠ Nach *suggest* steht niemals der *to*-Infinitiv! Also **nicht:** I suggested ~~to ask~~ … . **Sondern:** I suggested asking … / I suggested we should ask … .

136 Veränderung von Orts- und Zeitangaben (Changes in adverbials of place and time)

Wie im Deutschen werden im Englischen in der indirekten Rede Orts- und Zeitangaben aus der Sicht des Berichtenden gewählt. Sie können sich also, je nach der Situation, gegenüber der direkten Rede verändern.

Mögliche Veränderungen von Zeitangaben

now	→	then, at that time
today	→	(on) that day, yesterday, on Monday, ...
tonight	→	that night, on Monday night, ...
this week	→	that week
in an hour	→	an hour later
tomorrow	→	the next/following day, today, ...
next week	→	the following week, a week later
yesterday	→	the day before, last Monday, ...
last night	→	the night before, on Monday night, ...
three days ago	→	three days before/earlier

◀ **IM ÜBERBLICK**

Je nach Situation können sich Zeitangaben in der indirekten Rede wie hier gezeigt verändern.

LUKE (on Friday morning)
'I'm leaving **tomorrow**.'

TIM (to a friend on Friday evening)
Luke told me today he was leaving **tomorrow**.

EVE (in July)
'We're moving **next month**.'

JILL (to her mother the same month)
Eve said they were moving **next month**.

3:5

Wenn noch am selben Tag, in derselben Woche, im selben Monat usw. berichtet wird, verändert sich die Zeitangabe nicht.

137 Kurzantworten mit *so* und *not* (Short answers with *so* and *not*)

Have the police found the money? – I think so. / I don't think so.
Hat die Polizei das Geld gefunden? – Ich glaube ja. / Ich glaube nicht.

Martin is very bad at maths. – Who says so?
Martin ist sehr schlecht in Mathematik. – Wer sagt das?

Nach den Verben *believe, expect, imagine, say, suppose* und *think* kannst du *so* verwenden, wenn du einen vorher genannten Satz nicht wiederholen willst:
I think so. = I think that the police have found the money.
Who says so? = Who says that Martin is very bad at maths?

Is Julia coming to the party? – I'm afraid so. / I'm afraid not.
Kommt Julia zur Party? – Leider ja. / Leider nicht.

Has Jack left already? – I hope so. / I hope not.
Ist Jack schon gegangen? – Ich hoffe es. / Ich hoffe nicht.

Nach *be afraid* („leider") und *hope* wird *so* nur in bejahten Sätzen verwendet.
In verneinten Sätzen steht *not*.
I hope so. = I hope that Jack has already left.
I hope not. = I hope that Jack hasn't left already.

138 Kurzformen (Short forms)

be		have	will/would
I'm = I am	here's = here is	I've = I have	I'll = I will
you're = you are	there's = there is	you've = you have	you'll = you will
he's = he is	what's = what is	he's = he has	he'll = he will
she's = she is	when's = when is	she's = she has	*etc.*
it's = it is	where's = where is	it's = it has	
we're = we are	who's = who is	we've = we have	I'd = I would
they're = they are	how's = how is	they've = they have	you'd = you would
	that's = that is		he'd = he would
		I'd = I had	*etc.*
		you'd = you had	
		he'd = he had	
		etc.	

auxiliary + not

isn't = is not	don't = do not	won't = will not	can't = cannot
aren't = are not	doesn't = does not	wouldn't = would not	couldn't = could not
wasn't = was not	didn't = did not	shan't = shall not	mustn't = must not
weren't = were not		shouldn't = should not	needn't = need not
hasn't = has not		oughtn't = ought not	mightn't = might not
haven't = have not			
hadn't = had not			

139 Unregelmäßige Verben (Irregular verbs)

Infinitive	Simple past	Past participle	
(to) **be**	**was/were**	**been**	sein
(to) **beat**	**beat**	**beaten**	schlagen; besiegen
(to) **become**	**became**	**become**	werden
(to) **begin**	**began**	**begun**	beginnen, anfangen (mit)
(to) **bet**	**bet**	**bet**	wetten
(to) **bite** [aɪ]	**bit** [ɪ]	**bitten** [ɪ]	beißen
(to) **blow**	**blew**	**blown**	wehen, blasen
(to) **break** [eɪ]	**broke**	**broken**	(zer)brechen; kaputtgehen
(to) **bring**	**brought**	**brought**	(mit-, her)bringen
(to) **build**	**built**	**built**	bauen
(to) **buy**	**bought**	**bought**	kaufen
(to) **catch**	**caught**	**caught**	fangen; erwischen
(to) **choose** [uː]	**chose** [əʊ]	**chosen** [əʊ]	(aus)wählen, aussuchen
(to) **come**	**came**	**come**	kommen
(to) **cost**	**cost**	**cost**	kosten
(to) **cut**	**cut**	**cut**	(aus)schneiden
(to) **dig**	**dug**	**dug**	(aus, um)graben
(to) **do** [uː]	**did**	**done** [ʌ]	tun, machen
(to) **draw**	**drew**	**drawn**	zeichnen; ziehen
(to) **drink**	**drank**	**drunk**	trinken
(to) **drive** [aɪ]	**drove**	**driven** [ɪ]	*(ein Auto, einen Bus usw.)* fahren
(to) **eat**	**ate** [et, eɪt]	**eaten**	essen
(to) **fall**	**fell**	**fallen**	(hin)fallen
(to) **feed**	**fed**	**fed**	füttern
(to) **feel**	**felt**	**felt**	fühlen; sich fühlen
(to) **fight**	**fought**	**fought**	(be)kämpfen
(to) **find**	**found**	**found**	finden
(to) **fly**	**flew**	**flown**	fliegen
(to) **forget**	**forgot**	**forgotten**	vergessen
(to) **freeze**	**froze**	**frozen**	(ge)frieren; einfrieren
(to) **get**	**got**	**got** (*AE:* gotten)	bekommen; holen, besorgen; gelangen, hinkommen; werden
(to) **give**	**gave**	**given**	geben
(to) **go**	**went**	**gone** [ɒ]	gehen; fahren; werden
(to) **grow**	**grew**	**grown**	wachsen; anpflanzen, anbauen
(to) **hang**	**hung**	**hung**	hängen, aufhängen
(to) **have** (**have got**)	**had**	**had**	haben
(to) **hear** [ɪə]	**heard** [ɜː]	**heard** [ɜː]	hören
(to) **hide** [aɪ]	**hid** [ɪ]	**hidden** [ɪ]	(sich) verstecken; verbergen
(to) **hit**	**hit**	**hit**	schlagen, treffen
(to) **hold**	**held**	**held**	(fest)halten; veranstalten, abhalten
(to) **hurt**	**hurt**	**hurt**	verletzen, wehtun; schädigen
(to) **keep**	**kept**	**kept**	(be-, ein-, er)halten; aufbewahren
(to) **know** [nəʊ]	**knew** [njuː]	**known** [nəʊn]	wissen; kennen
(to) **lead**	**led**	**led**	führen, leiten

(to) **leave**	**left**	**left**	(zurück)lassen; verlassen; weggehen, abfahren
(to) **let**	**let**	**let**	(zu)lassen, erlauben
(to) **lie** [aɪ]	**lay** [eɪ]	**lain** [eɪ]	liegen
(to) **light**	**lit**	**lit**	anzünden
(to) **lose** [uː]	**lost** [ɒ]	**lost** [ɒ]	verlieren
(to) **make**	**made**	**made**	machen, bilden, bauen; zubereiten
(to) **mean** [iː]	**meant** [e]	**meant** [e]	bedeuten; meinen, sagen wollen
(to) **meet**	**met**	**met**	(sich) treffen; abholen
(to) **overtake**	**overtook**	**overtaken**	überholen
(to) **pay**	**paid**	**paid**	bezahlen
(to) **put**	**put**	**put**	legen, stellen, *(wohin)* tun
(to) **read** [iː]	**read** [e]	**read** [e]	lesen
(to) **retell**	**retold**	**retold**	nacherzählen
(to) **ride**	**rode**	**ridden**	reiten; *(Rad)* fahren
(to) **ring**	**rang**	**rung**	klingeln, läuten; anrufen
(to) **rise**	**rose**	**risen**	(an-, auf)steigen; aufgehen *(Sonne)*
(to) **run**	**ran**	**run**	laufen; verkehren; (durch)führen
(to) **say** [eɪ]	**said** [e]	**said** [e]	sagen
(to) **see**	**saw**	**seen**	sehen; besuchen
(to) **sell**	**sold**	**sold**	verkaufen
(to) **send**	**sent**	**sent**	schicken, senden
(to) **shake**	**shook**	**shaken**	zittern; schütteln
(to) **shoot** [uː]	**shot** [ɒ]	**shot** [ɒ]	(er)schießen
(to) **show** [əʊ]	**showed** [əʊ]	**shown** [əʊ]	zeigen
(to) **shut**	**shut**	**shut**	schließen, zumachen
(to) **sing**	**sang**	**sung**	singen
(to) **sink**	**sank**	**sunk**	sinken, untergehen; versenken
(to) **sit**	**sat**	**sat**	sitzen; sich setzen
(to) **sleep**	**slept**	**slept**	schlafen
(to) **speak**	**spoke**	**spoken**	sprechen
(to) **spend**	**spent**	**spent**	*(Zeit)* verbringen; *(Geld)* ausgeben
(to) **stand**	**stood**	**stood**	stehen; sich (hin)stellen
(to) **steal** [iː]	**stole** [əʊ]	**stolen** [əʊ]	stehlen
(to) **stick**	**stuck**	**stuck**	kleben
(to) **sting**	**stung**	**stung**	stechen
(to) **swim**	**swam**	**swum**	schwimmen
(to) **take**	**took**	**taken**	(mit)nehmen; (weg)bringen; dauern
(to) **teach**	**taught**	**taught**	unterrichten, lehren
(to) **tear** [eə]	**tore**	**torn**	reißen; zerreißen
(to) **tell**	**told**	**told**	erzählen, berichten; erkennen
(to) **think**	**thought**	**thought**	(nach)denken; glauben, meinen
(to) **throw**	**threw**	**thrown**	werfen
(to) **understand**	**understood**	**understood**	verstehen, begreifen
(to) **wake up**	**woke up**	**woken up**	aufwachen; (auf)wecken
(to) **wear** [eə]	**wore**	**worn**	tragen, anhaben
(to) **win**	**won** [ʌ]	**won** [ʌ]	gewinnen
(to) **write**	**wrote**	**written**	schreiben

Grammatische Begriffe (Grammatical terms)

active ['æktɪv]	Aktiv	The police *caught* the thief.
adjective ['ædʒɪktɪv]	Adjektiv, Eigenschaftswort	*good, big, red, funny, boring, …*
adverb ['ædvɜ:b]	Adverb, Umstandswort	*often, really, badly, here, now, …*
adverb of degree [dɪ'gri:]	Gradadverb	*very, quite, really, too, …*
adverb of frequency ['fri:kwənsi]	Adverb der Häufigkeit	*always, never, often, usually, …*
adverb of indefinite time [ɪn,defɪnət 'taɪm]	Adverb der unbestimmten Zeit	*already, ever, just, never, often, soon, before, yet, …*
adverb of manner ['mænə]	Adverb der Art und Weise	*badly, happily, terribly, well, …*
adverb of place	Ortsadverb	*here, there, outside, nowhere, …*
adverb of time	Zeitadverb	*now, today, yesterday, …*
adverbial [æd'vɜ:biəl]	adverbiale Bestimmung, Umstandsbestimmung	
adverbial of place	adverbiale Bestimmung des Ortes, Ortsangabe	Conchita is *from Chicago*. Come and sit *here/next to me*.
adverbial of time	adverbiale Bestimmung der Zeit, Zeitangabe	The shop opens *at 8 o'clock*. Do it *now/after lunch*.
article ['ɑ:tɪkl]	Artikel, Geschlechtswort	▶ definite/indefinite article
auxiliary (verb) [ɔ:g'zɪliəri]	Hilfsverb	*has* gone, *don't* see, *can* dance
backshift of tenses ['bækʃɪft]	Rückverschiebung der Zeitformen (in der indirekten Rede)	'My name *is* Mark.' → He said his name *was* Mark.
clause [klɔ:z]	Teilsatz (= Haupt- oder Nebensatz)	▶ main clause, sub-clause
clause element ['klɔ:z_elɪmənt]	Satzglied	▶ subject, verb, object, adverbial
comparative [kəm'pærətɪv]	Komparativ, erste Steigerungsform	*bigger, better, more interesting, …*
comparison [kəm'pærɪsn]	Steigerung; Vergleich	*big – bigger – biggest; as big as …; bigger than …*
complement ['kɒmplɪmənt]	prädikative Ergänzung (zum Subjekt)	Ms Morrison is *a teacher*. Shopping can be *fun*.
complex sentence ['kɒmpleks]	Satzgefüge (Haupt- und Nebensatz)	*I can't come because I'm ill.*
conditional sentence [kən'dɪʃənl]	Bedingungssatz(gefüge)	*If it rains, we'll stay at home.*
conjunction [kən'dʒʌŋkʃn]	Konjunktion, Bindewort	▶ coordinating conjunction, subordinating conjunction
contact clause ['kɒntækt klɔ:z]	Relativsatz ohne Relativpronomen	That's the boy *I met last week*.
coordinating conjunction [kəʊ,ɔ:dɪneɪtɪŋ kən'dʒʌŋkʃn]	nebenordnende Konjunktion, koordinierende Konjunktion	*and, but, or, …*
countable noun [,kaʊntəbl 'naʊn]	zählbares Nomen	*house(s), idea(s), child(ren), …*
definite article [,defɪnət_'ɑ:tɪkl]	bestimmter Artikel	*the* [ðə] bag, *the* [ðɪ] apple
demonstrative determiner / demonstrative pronoun [dɪ,mɒnstrətɪv dɪ'tɜ:mɪnə / 'prəʊnaʊn]	Demonstrativbegleiter/-pronomen, hinweisender Begleiter / hinweisendes Fürwort	*this, that, these, those*
determiner [dɪ'tɜ:mɪnə]	Begleiter	▶ article, demonstrative/possessive determiner
direct object [,daɪrekt_'ɒbdʒɪkt]	direktes Objekt, Sachobjekt	I like *pop music*. Glen gave his sister *a T-shirt*.
direct speech [,daɪrekt 'spi:tʃ]	direkte Rede, wörtliche Rede	He said, *'My name is Mark.'*
emphasizing pronoun ['emfəsaɪzɪŋ]	verstärkendes Pronomen	I saw the accident *myself*.
exclamation [,ekskləˈmeɪʃn]	Ausruf, Ausrufesatz	*What a nice cat! / Oh, no!*
full verb [,fʊl 'vɜ:b]	Vollverb (= Wortart)	*go, dance, sit, work, …*
future ['fju:tʃə]	Futur, Zukunft	
gerund ['dʒerənd]	Gerundium	*Reading* is fun. I like *reading*.
***going to*-future** ['fju:tʃə]	Futur mit *going to*	*I'm going to watch* TV tonight.
***if*-clause** ['ɪf klɔ:z]	Nebensatz mit *if*, *if*-Satz	*If it rains,* we'll stay at home.
imperative [ɪm'perətɪv]	Imperativ, Befehlsform; Aufforderungssatz	*Listen. Don't talk.*
indefinite article [ɪn,defɪnət_'ɑ:tɪkl]	unbestimmter Artikel	*a* bag, *an* apple

indirect object [ˌɪndɪrekt_ˈɒbdʒɪkt]	indirektes Objekt, Personenobjekt	Glen gave *his sister* a T-shirt.
indirect speech [ˌɪndɪrekt ˈspiːtʃ] (= reported speech)	indirekte Rede, nicht wörtliche Rede	*He said (that) his name was Mark.*
infinitive [ɪnˈfɪnətɪv]	Infinitiv, Grundform des Verbs	*(to) go, (to) dance, (to) sit, …*
***-ing* form** [ˈɪŋ fɔːm]	*-ing*-Form	*going, dancing, sitting, …*
irregular verb [ɪˌregjələ ˈvɜːb]	unregelmäßiges Verb	*(to) go – went – gone*
long form [ˈlɒŋ fɔːm]	Langform	She *is* ten. / I *have* got a dog.
main clause [ˌmeɪn ˈklɔːz]	Hauptsatz	If it rains, *we'll stay at home.*
main verb [ˌmeɪn ˈvɜːb]	Hauptverb, Vollverb (= Teil des Prädikats)	I can *dance.* / We didn't *play.*
modal auxiliary [ˌməʊdl_ɔːgˈzɪliəri]	modales Hilfsverb, Modalverb	*can, could, may, must, …*
negative statement [ˌnegətɪv ˈsteɪtmənt]	verneinter Aussagesatz	*I haven't got a CD player.* *I don't like pop music.*
noun [naʊn]	Nomen, Substantiv, Hauptwort	*Glen, girl, hamster, idea, time, …*
object [ˈɒbdʒɪkt]	Objekt	I like *animal stories.*
object form	Objektform (der Personalpronomen)	*me, you, him, her, it, us, them*
object question	Objektfrage, Frage nach dem Objekt	*Who did she help?* – Her dad. *What did you drink?* – Milk.
***of*-phrase** [ˈɒv freɪz]	*of*-Fügung	the name *of the street*
pair noun [ˈpeə naʊn]	„Paarwort"	*jeans, trousers, scissors, …*
participle [ˈpɑːtɪsɪpl]	Partizip	▶ present participle, past participle
part of speech [spiːtʃ] (= word class)	Wortart	▶ noun, adverb, preposition, …
passive [ˈpæsɪv]	Passiv	The thief *was caught* (by the police).
passive infinitive [ˌpæsɪv_ɪnˈfɪnətɪv]	Infinitiv Passiv	*(to) be used, (to) have been found*
past [pɑːst]	Vergangenheit	
past participle [ˌpɑːst ˈpɑːtɪsɪpl]	Partizip Perfekt, Partizip II	*played, stopped, gone, taken, …*
past perfect [ˌpɑːst ˈpɜːfɪkt]	Plusquamperfekt, Vorvergangenheit	When I arrived, Scott *had left.*
past perfect progressive [ˌpɑːst ˌpɜːfɪkt prəˈgresɪv]	Verlaufsform des Plusquamperfekts	He was tired. He *had been working* all day.
past progressive [ˌpɑːst prəˈgresɪv]	Verlaufsform der Vergangenheit	It *was raining* all afternoon.
past tense [ˌpɑːst ˈtens]	Vergangenheit(sform), Präteritum	▶ simple past, past progressive
perfect infinitive [ˌpɜːfɪkt_ɪnˈfɪnətɪv]	Infinitiv Perfekt	*(to) have used, (to) have been found*
personal passive [ˌpɜːsnəl ˈpæsɪv]	persönliches Passiv	*He was thanked* for his help. *I was offered* a job.
personal pronoun [ˌpɜːsnəl ˈprəʊnaʊn]	Personalpronomen, persönliches Fürwort	*I, you, she, …; me, her, them, …* ▶ subject/object form
phrasal verb [ˌfreɪzl ˈvɜːb]	(feste) Verb-Adverb-Verbindung	*(to) find sth. out, (to) wake sb. up, …*
plural [ˈplʊərəl]	Plural, Mehrzahl	*apples, women, …; we, those, …*
plural noun	Nomen, das nur im Plural steht	*clothes, stairs, police, …*
positive statement [ˌpɒzətɪv ˈsteɪtmənt]	bejahter Aussagesatz	*I've got a CD player.* *I like pop music.*
possessive determiner [pəˌzesɪv dɪˈtɜːmɪnə]	Possessivbegleiter, besitzanzeigender Begleiter	*my, your, his, her, its, our, their*
possessive pronoun [pəˌzesɪv ˈprəʊnaʊn]	Possessivpronomen, besitzanzeigendes Fürwort	*mine, yours, his, hers, ours, theirs*
prefix [ˈpriːfɪks]	Vorsilbe, Präfix	*dis-, in-, un-, …*
preposition [ˌprepəˈzɪʃn]	Präposition, Verhältniswort	*at, before, in, on, over, with, …*
prepositional verb [ˌprepəˌzɪʃənl ˈvɜːb]	Verbindung aus Verb + Präposition	*(to) wait for sb., (to) die of sth., …*
present [ˈpreznt]	Präsens, Gegenwart	
present participle [ˌpreznt ˈpɑːtɪsɪpl]	Partizip Präsens, Partizip I	*playing, stopping, taking, …*

present perfect [ˌpreznt ˈpɜːfɪkt]	*present perfect* (Perfekt)	Scott *has* often *helped* Amy. We*'ve lived* here for 8 years / since 1994.
present perfect progressive [ˌpreznt ˌpɜːfɪkt prəˈgresɪv]	Verlaufsform des *present perfect*	*Have* you *been waiting* long? They *have been playing* cards for 2 hours / since 3 o'clock.
present progressive [ˌpreznt prəˈgresɪv]	Verlaufsform der Gegenwart	Scott *is writing* a letter.
present tense [ˌpreznt ˈtens]	Gegenwart(sform), Präsens	▶ simple present, present progressive
progressive form [prəˌgresɪv ˈfɔːm]	Verlaufsform (des Verbs)	▶ present/past progressive
pronoun [ˈprəʊnaʊn]	Pronomen, Fürwort	▶ personal/possessive/demonstrative/reflexive/relative pronoun
prop-word [ˈprɒpwɜːd]	Stützwort	three cars: a red *one* and two green *ones*
quantifier [ˈkwɒntɪfaɪə]	Mengenangabe, Mengenbezeichnung	*some/any; much/many, a little, a few, …*
question [ˈkwestʃən]	Frage(satz)	▶ yes/no question, question with question word
question with question word	Frage mit Fragewort	*Where's Glen?* – At home.
question tag [ˈkwestʃən tæg]	Frageanhängsel	You like pop music, *don't you?*
question word	Fragewort	*what, when, who, why, how, …*
reflexive pronoun [rɪˌfleksɪv ˈprəʊnaʊn]	Reflexivpronomen	*myself, yourself, himself, herself, ourselves, yourselves, …*
regular verb [ˌregjələ ˈvɜːb]	regelmäßiges Verb	*(to) watch – watched – watched*
relative clause [ˌrelətɪv ˈklɔːz]	Relativsatz	That's the girl *who helped me.*
relative pronoun [ˌrelətɪv ˈprəʊnaʊn]	Relativpronomen	the girl *who* … / the cat *which* … / the boy *whose* parents …
reported speech [rɪˌpɔːtɪd ˈspiːtʃ] (= indirect speech)	indirekte Rede, nicht wörtliche Rede	*He said (that) his name was Mark.*
sentence [ˈsentəns]	Satz	
sentence type [ˈsentəns taɪp]	Satzart	▶ positive/negative statement, question, imperative, exclamation
***s*-genitive** [ˈes ˌdʒenətɪv]	*s*-Genitiv	*Glen's* sister, *our friends'* car
short answer [ʃɔːt‿ˈɑːnsə]	Kurzantwort	Can you swim? – *Yes, I can.* / *No, I can't.*
short form [ˈʃɔːt fɔːm]	Kurzform	She*'s* ten. / I*'ve* got a dog.
simple past [ˌsɪmpl ˈpɑːst]	einfache Form der Vergangenheit	We *went* to Wales last month.
simple past form	*simple past*-Form	*played, stopped, went, took, …*
simple present [ˌsɪmpl ˈpreznt]	einfache Form der Gegenwart	Scott often *writes* to Conchita.
singular [ˈsɪŋgjələ]	Singular, Einzahl	*apple, woman, …; I, that, …*
statement [ˈsteɪtmənt]	Aussagesatz	*I (don't) like pop music.*
sub-clause [ˈsʌbklɔːz], **subordinate clause** [səˌbɔːdɪnət ˈklɔːz]	Nebensatz, untergeordneter Satz	I can't come *because I'm ill.* *If it rains,* we'll stay at home.
subject [ˈsʌbdʒɪkt]	Subjekt	*Margo* likes pop music.
subject form	Subjektform (der Personalpronomen)	*I, you, he, she, it, we, they*
subject question	Subjektfrage, Frage nach dem Subjekt	*Who likes pop music?* – Margo. *What woke you up?* – The noise.
subordinating conjunction [səˌbɔːdɪneɪtɪŋ kənˈdʒʌŋkʃn]	unterordnende Konjunktion, subordinierende Konjunktion	*because, before, if, that, when, …*
suffix [ˈsʌfɪks]	Nachsilbe, Suffix	*-ful, -less, -ly, …*

superlative [su'pɜːlətɪv]	Superlativ, zweite Steigerungsform	*biggest, best, most interesting, ...*
tense [tens]	Tempus, Zeit(form)	▶ present/past tense
uncountable noun [ʌnˌkaʊntəbl 'naʊn]	nicht zählbares Nomen	*bread, tea, time, information, ...*
verb [vɜːb]	Verb, Zeitwort, Tätigkeitswort	▶ auxiliary/full verb; regular/irregular verb
verb [vɜːb] (= verb phrase)	Prädikat, Prädikatskern	Shopping *can be* fun.
***will*-future** ['fjuːtʃə]	Futur mit *will*	I'*ll be* 16 next week. I'm thirsty. – I'*ll get* you a coke.
word class ['wɜːd klɑːs] (= part of speech)	Wortart	▶ noun, adverb, preposition, ...
word order ['wɜːd‿ɔːdə]	Wortstellung	
yes/no question	Entscheidungsfrage	*Is Glen at home?* – Yes, he is. / No, he isn't.

Register (Index)

Die Zahlen bezeichnen die **Abschnitte** des Grammatikheftes.
(K = Kontrast-Abschnitt, ⚠ = Abschnitt mit Warndreieck)